Barbara Rias-Bucher

Das Karotten Kochbuch

Die besten Rezepte

Weltbild

Inhalt

Karotten-Geschichten

Nennen wir sie nun Gelbe Rübe oder Rübli, Wurzel oder Woddel, Karotte, Mohrrübe oder Möhre? Ganz wie Sie wollen – den feinen Unterschied zwischen Möhre und Karotte trifft man heute ohnehin kaum mehr. Im »Universal-Lexikon der Kochkunst« aus dem Jahr 1890 wird er noch erklärt: Eine ist »die eigentliche Möhre, welche oft eine beträchtliche Länge erreicht, oben dick ist und unten in eine dünne Spitze zuläuft«, die andere »die Carotte, welche kurz und unten abgestumpft, auch von zarterem Fleisch ist«.

Früher gab es sogar »Möhrenzucker: mit Möhrensaft vermischter und wiederholt gekochter Zucker, der als Mittel gegen Heiserkeit und Husten dient.«

Das Lexikon listet eine Reihe von Sorten auf, die wir heute gar nicht mehr kennen: eine blutrote holländische und eine dunkelrote »Erfurther«, eine weiße, durchsichtige Möhre »von sehr süßem Geschmack« und eine »weiße, grünköpfige Riesenmöhre«, die bis zu vier Kilo auf die Waage bringt.

Neue Rezepte nach alten Ideen

Entsprechend vielfältig sind die Rezeptbeispiele dieses alten Standardwerkes, die meisten sehr aufwändig: Da gibt es Möhrenbranntwein und Kaffee-Ersatz aus Karotten, die Anleitung »Möhren einzumachen in Blechbüchsen« – solche Konserven holen wir heute ganz einfach im Supermarkt. Aus den dunkelroten Wurzeln kochte man mit dem Saft von Zitrusfrüchten, Wein und Zuckersirup ein »Möhren-Compott« – daher mein Vorschlag, Obstsalat zur Abwechslung mit Karotten und Zuckersirup zu mischen (Seite 101). Der Möhrensaft von damals hat so gar nichts mit unserem beliebten Fitness-Drink zu tun: »Eine große Anzahl der schönsten und saftigsten« Karotten wurde fein gerieben, ausgedrückt und einige Stunden stehen gelassen, damit sich Fruchtfleisch und Saft trennen. Dann kochte man die Flüssigkeit zu dickem braunen Sirup ein, den man nach dem Abkühlen in Steinguttöpfe füllte. »Auf dem Land, wo dieser Syrup vielfach bereitet wird, pflegt man ihn gern zum Brod zu essen, weshalb in allen größeren ländlichen Haushaltungen die Bereitung sehr zu empfehlen ist«, heißt es im Lexikon. Heutzutage finden Sie diese gesunde Karottenmarmelade auf keinem ländlichen Frühstückstisch mehr. Denn stellen Sie sich nur die Arbeit vor, Karotten kiloweise auf der einfachen Rohkostreibe zu zerkleinern!

Karotten-Klassiker

Doch so manche dieser »Karotten-Ideen« wurde zum Klassiker: Möhrentorte selbstverständlich und Karotten mit Kartoffeln (Seite 48), die ich seit meiner Kindheit liebe. »Möhren-Confitüre« mit reichlich hauchfein geschnittener Zitronenschale kennt man noch heute in Frankreich als »Cheveux d'ange« – »Engelshaar«. Zu Karotten als Beilage rät unser Lexikon, die zarten gelben Rüben in Scheibchen zu schneiden und »unter häufigem Umschütteln bloß mit einem Stück Butter« weich zu dämpfen, mit Brühe aufzugießen, mit Salz, Pfeffer, Zucker und Petersilie zu würzen. So habe ich es auch gemacht und tatsächlich schmecken diese »Butterkarotten« (Seite 51) ganz vorzüglich.

Knackig und gesund

So habe ich mich einerseits von hundert Jahre alten Klassikern inspirieren lassen – ein besonderes Augenmerk richtet dieses Buch aber auch auf die neue, gesundheitsbewusste Küche. Rundum reich an Biostoffen ist die Karotte, und deshalb verarbeitet man sie heute in den meisten Rezepten besonders schonend und gart sie möglichst kurz, um die Bioaktivstoffe weitgehend zu erhalten. So finden Sie etwa feine neue Rezepte für die schnelle Küche: Sandwiches mit Karotten, gesunde Snacks, leckere Süppchen und knackige Gemüse-Woks. Besonders beliebt sind Karotten bei Kindern aller Altersstufen: Wir haben die Rezepte, vom ersten Baby-Brei bis zum Lieblingsessen mit Spätzle oder Nudeln, mehrfach für Kinder erfolgreich »testgekocht«! Natürlich bilden Karotten immer noch feine Beilagen zum Fleisch, man kann sie frittieren, glasieren und sogar für Müslis und Desserts in zarten Süßspeisen verarbeiten – lassen Sie sich überraschen.

Karotten gibt es rund ums Jahr – die zarten Bundmöhren mit Grün sind allerdings Frühlingsware

Das ganze Jahr frisch

Freuen Sie sich, dass Karotten heute rund ums Jahr in bester Qualität zu kaufen sind. In unserem über hundert Jahre alten Lexikon der Kochkunst ist nämlich auch die Anleitung fürs Selberziehen der gesunden Wurzel nachzulesen: »... sie verlangt einen sehr kräftigen, lockeren, tiefgepflügten oder gegrabenen sandigen Lehmboden. Der Samen, welcher zuvor durch Begießen mit Milch angekeimt wird, muß zeitig im Frühjahr breitwürfig oder in Reihen dünn und locker gesäet werden, worauf man den Acker überwalzt und die Saat später mehrmals jätet und behackt ... Bei der Gartenkultur säet man häufig alle vier Wochen ein frisches Beet bis in den Sommer hinein, um stets junge, zarte Möhren haben zu können ...«.
Ich wünsche Ihnen viel Vergnügen beim Kochen und beim Genießen unserer Karottenrezepte!

Kleine Karottenkunde

Die wilden Ahnen

Wildmöhren haben Sie gewiss schon an Wegrändern und auf Wiesen gesehen: Im Zentrum der Blattrosette mit kerzengeraden, langen Blättern, so dunkelgrün und filigran wie bei den Bundkarotten, die Sie ab Mitte Mai als Gemüse kaufen können, steht ein verzweigter Schaft mit großen weißen Blütendolden, die in der Mitte häufig noch ein paar tiefrote »Pünktchen« tragen – ebenfalls Blüten. Im August bilden sich dann die Samen; nun verblühen die Dolden, ziehen sich zusammen und erinnern an ein Mini-Vogelnest.

Botanisch heißt unsere Karotte »Daucus carota«, ebenso wie die Wilde Möhre. Die Riesenmöhre vom Mittelmeer heißt »Daucus maximus«.

Diese wilden Karotten bildeten gemeinsam mit Riesenmöhren aus dem Mittelmeerraum und einer Formengruppe aus Vorderasien die Ahnen dieser Pflanze, die zu unseren ältesten Gemüsearten zählt. Gewiss haben die Menschen Karotten schon in prähistorischen Zeiten gegessen, vielleicht sogar kultiviert. Beweisen kann man das nicht: Zwar haben Archäologen genügend Samen gefunden, doch die Unterscheidung zwischen wilden und Kulturmöhren ist bisher noch nicht gelungen.

Eindeutig zu identifizieren sind Karotten dann auf einer farbigen Abbildung, die um 500 n. Chr. in Konstantinopel, dem heutigen Istanbul, angefertigt wurde. Mit der kunstvollen Zeichnung hatte man die Abschrift eines Lehrbuches versehen, das für mehr als 1500 Jahre das wichtigste Standardwerk für Ärzte, Apotheker und Pflanzenheilkundige war. Verfasser war der römische Arzt Pedanios Dioskorides, der von 60 bis circa 78 n.Chr. daran schrieb. Er kam auf die stattliche Anzahl von rund 1000 Substanzen, davon 813 pflanzliche, 101 tierische und 102 mineralische Arzneimittel. Darunter befand sich auch die Karotte – kein Wunder, gehört sie doch zu den gesündesten Lebensmitteln, die wir essen können.

Die Araber haben die gelben Rüben bereits vor mehr als 800 Jahren angebaut; die Samen wurden damals zum Beispiel in Ägypten gehandelt. Bei uns in Europa unterschied man lange nicht zwischen den verschiedenen Rübenarten. Ganz sicher

Auch »kulturhistorisch« von Bedeutung: Erinnerungsblatt an die Uraufführung von J. Offenbachs »Le roi carotte« (1872).

tauchen die »Gelben« erst gegen Ende des 16. Jahrhunderts auf – in einer Gemüsesuppe des seinerzeit hochberühmten Mainzer Koches Markus Rumpolt und in einem Salat seines Kollegen Franz de Rontzier, Küchenchef am Braunschweiger Hof. Und etwa 100 Jahre später beginnen die Niederländer mit dem Anbau unserer »normalen« Karotten, damals noch in regelrechter Farbpalette von blassem Gelb bis sattem Rotviolett. Interessant für Gartenbesitzer: Viele dieser alten Sorten kann man heute noch als Samen über den Versandhandel beziehen.

Gesundheit aus den gelben Wurzeln

Karotten enthalten beträchtliche Mengen an Beta-Carotin, das unser Organismus in Vitamin A umwandelt – wichtig für Haut und Schleimhäute. Kinder und Jugendliche benötigen dieses Vitamin für ein normales Wachstum. Doch Karotten bewirken noch viel mehr im Körper. Erstens spielen sie eine große Rolle bei der Gesunderhaltung der Augen: Auf der Netzhaut arbeiten bestimmte Pigmente als »Lichtsammler«. Diese Pigmente wiederum werden durch Beta-Carotin in der Ernährung aufgebaut. Je mehr wir davon aufnehmen, desto mehr Pigmente bilden sich, und desto besser funktioniert unsere Sehkraft – auch wenn's draußen »duster« ist. Beta-Carotin beugt Nachtblindheit vor, lässt uns Farben besser erkennen und erhält uns die klare Sicht bis ins hohe Alter.
Zweitens schützen rote und gelbe Karotinoide unsere Zellen. Interessant dabei: Sie leisten unserem Immunsystem gewissermaßen Beistand von außen und greifen an, sobald »Feinde« in unseren Organismus einzudringen versuchen. Damit werden tiefere Gewebeschichten besser vor Schadstoffen geschützt.
Je nach ihrer Zusammensetzung kommen Karotinoide übrigens auch in dunkelgrünem Gemüse wie Spinat, Feldsalat oder Kräutern vor.
Wichtig für Ihre tägliche Ernährung: Karotinoide im gelben und roten Gemüse – in Karotten, Tomaten und Kürbis also – können wir gegart besser verwerten, die im grünen Gemüse besser roh. Das heißt, dass Sie Karotten nicht immer nur als Rohkost, sondern häufig als Suppe, Gemüse, Gratin und – die Süßschnäbel unter Ihnen werden sich freuen – als Grütze, Torte und Muffin essen sollten. Deshalb finden Sie auch so viele Rezepte für gegarte Karotten in diesem Buch.

Nicht nur die Seh-, auch die Manneskraft stärken Karotten: Sie aktivieren die Spermientätigkeit und die Zeugungsfähigkeit.

Rund-ums-Jahr-Gemüse

Im Sommer sind Karotten die reinste Delikatesse – zart, knackig und voll der dezenten Süße, die wir schon als Babys so gerne mochten. Selbst das Kraut dieser frühen Wurzeln schmeckt z. B. fein gehackt im Süppchen oder als vitaminreiches Deko-Grün auf dem bunten Salat.

Doch die gelben Rüben sind das ganze Jahr über preiswert und in guter Qualität zu haben: Sie wachsen und reifen zunächst im Gewächshaus oder unter Folie, denn die Pflanzen lieben Wärme. Kurze, spitze, schön orangefarbene Bundkarotten mit Kraut bekommen Sie im Mai und im Juni und Karotten aus heimischem Freilandanbau von Mitte Juni bis Ende Oktober.

Der Hauptanteil der bei uns verkauften Karotten wird im Land erzeugt, Importe stammen vorwiegend aus Italien, den Niederlanden, Frankreich und Israel. Geringe Lieferungen beziehen wir unter anderem aus der Türkei und Zypern. Rötlich orangefarbene Sommer- und Herbstkarotten kommen gewöhnlich ohne Kraut von Juli bis Oktober auf den Markt. Spät- und Dauerkarotten gibt es von Oktober bis März. Vom Freiland erntet man, bis die ersten strengen Fröste kommen; ungewaschen und wie Kartoffeln im Freien eingemietet, in Kühlräumen oder feuchtem Sand gelagert, halten sich Karotten den ganzen Winter über frisch.

Dank guter Lagerfähigkeit und Importen aus unseren südlichen Nachbarländern brauchen wir das ganze Jahr über nicht auf köstliche Karottengerichte zu verzichten.

Einkaufstipps

Egal zu welcher Jahreszeit: Wählen Sie nur Karotten mit glatter Schale und festem Fleisch, die reif geerntet und richtig gelagert worden sind. Ein grüner Rand rund um den Krautansatz ist kein Zeichen von Unreife, sondern oft charakteristisch für Freilandware: Sobald die Wurzeln aus der Erde spitzen, kriegt ihr orangefarbenes Kleid gewissermaßen einen grünen »Kragen«, weil sich durch die Sonneneinstrahlung Chlorophyll bildet.

Am besten kaufen Sie offene Ware, denn die Verpackung in Folienbeuteln bekommt den feinen Wurzeln überhaupt nicht. Falls es nicht anders geht: die Karotten zu Hause sofort aus dem Beutel nehmen und lose ins Gemüsefach des Kühlschranks legen.

Zwei Qualitätsmängel können Sie erst nach dem Kauf feststellen: Im späten Frühjahr vor der neuen Ernte versuchen manche Händler ihre »alte« Ware noch an den Verbraucher zu bringen. Dann bekommt man sogar überlagerte Karotten, deren »Rinde« sich sehr leicht vom Mark trennt. Und wenn die Wurzeln nach Seife schmecken, war die Lagerung zu kalt.

Karotten sind das Vitamin-A-reichste Gemüse, das wir kennen, sie enthalten 2000-mal so viel davon wie etwa Blumenkohl und 1000-mal so viel wie Artischocken.

Vom Umgang mit Karotten

Sie sind ein unkompliziertes Gemüse, sowohl bei der Lagerung als auch bei der Zubereitung. Kühl und dunkel aufbewahrt, zum Beispiel im Gemüsefach des Kühlschranks, einer Kühlbox in der kalten Speisekammer oder – am besten ungewaschen – im Vorratskeller, halten sie sich etwa zwei Wochen. Bei Bundkarotten schneiden Sie das Kraut ab: Mit Grün »altern« frische Rüben schneller, weil es den Wurzeln Flüssigkeit entzieht. Und neben Äpfeln sollte man sie nicht aufbewahren, denn die geben ein Gas (Ethylen) ab, das alle anderen Gemüse- und Obstsorten schneller reifen und damit auch altern lässt.

Gewaschene und/oder zerkleinerte Karotten müssen Sie sofort zubereiten, Salat und Rohkost sofort servieren, sonst ist der Vitamin- und Aromaverlust recht hoch. Rohkost sollten Sie sehr fein raspeln, dann mit Jogurt, Sahne, Nüssen und/oder Öl zubereiten, damit der Körper das

Karotten sind vielseitig verwendbar – gekocht, geraspelt, frittiert oder auch als Deko.

Karotin auch verwerten kann. Und beim Garen kosten Sie am besten zwischendurch einmal, damit die Karotten nicht zu weich werden. Denn je jünger die Wurzeln, desto schneller sind sie angenehm bissfest – ganz frische Bundkarotten brauchen nur wenige Minuten.
Die zarten Blättchen der jungen Wurzeln können Sie fein geschnitten wie Kräuter verwenden; sie enthalten ebenfalls gesunde Karotinoide, dazu Vitamine und Mineralstoffe wie zum Beispiel Magnesium, das unsere Nerven pflegt.
Eine Prise Zucker finden Sie in jedem der Rezepte, oft auch Butter oder Petersilie. Diese Zutaten unterstreichen den typischen Karottengeschmack.

Der gute Schnitt ...

... richtet sich nach der Verwendung: Ob fein gerieben oder grob geraspelt, exakt gewürfelt oder in feine Streifen geschnitten – Karotten schmecken richtig zerkleinert am besten. Kunstvoll geschnitzt bilden sie eine essbare Dekoration vor allem für asiatische Gerichte und Salatplatten.
Beachten Sie wie bei Fleisch die Struktur der Fasern, denn auch Gemüse wird trocken, wenn die Zellen zuviel Flüssigkeit abgeben. Dünne Stifte und Scheibchen bleiben beim Braten und Dünsten saftig, feine Raspel verbinden sich gut mit dem Dressing in Rohkost und Salat.

Raspeln für Salat und Rohkost
Sie können dafür zarte junge Wurzeln oder kräftige Winterkarotten nehmen. Wichtig ist nur die scharfe Rohkostreibe. Die Karotte von der Spitze beginnend auf der Reibe zerkleinern – denn am »dicken Ende« lässt sie sich besser festhalten.

Schräge Scheiben zum Braten
Die Karotten wie gewohnt waschen und schaben oder schälen. Nun mit einem scharfen Messer sehr schräg in möglichst dünne Scheiben schneiden. Diese Schnittart eignet sich gut für den Wok, weil die Karotten rasch garen, dabei saftig und zart bleiben.

Feine Streifen für Salat und zum Ausbacken
Das geht mit dicken Karotten am besten: Die Wurzeln möglichst mit dem Spargelschäler der Länge nach in hauchdünne Scheiben oder Locken schneiden. Mit diesen Locken lassen sich übrigens auch kalte Platten hübsch dekorieren.

Welche Sorte wofür?

Bundkarotten sind kurze Wurzeln mit spitzem Ende, durchgehend orange bis rot gefärbt. Sie werden immer mit Kraut angeboten, von Mai oder Juni an kommen sie aus heimischer Freiland-Ernte. Man muss sie nur waschen oder mit einem Topfkratzer abreiben. Bundkarotten schmecken fein süß und eignen sich für Rohkost, als Salatzutat und edles Gemüse.

Zu den Sommer- und Herbstkarotten zählen auch die so genannten Waschmöhren: meist mittelgroß mit stumpfem Ende, ebenfalls orange bis rötlich gefärbt. Zu kaufen gibt es sie gewöhnlich ohne Kraut. Nach dem Waschen werden sie mit einem Messer geschabt oder hauchdünn mit dem Spargelschäler geschält. Die saftigen Karotten nimmt man für Rohkost, Salate, Gemüse, Suppen und zum Auspressen für Drinks.

Spät- und Dauerkarotten, auch Sandmöhren genannt, bieten die größte Sortenvielfalt und sind dementsprechend unterschiedlich in Form, Größe und Farbe. Das Angebot reicht von Oktober bis März, bevor die neue Ernte aus Importen kommt. Man sollte sie waschen und schälen. Diese gelben Rüben schmecken in jeder Zubereitungsart, und da sie häufig dick und fleischig sind, eignen sie sich zum Pürieren für Suppen und Terrinen ebenso wie zum Auspressen und für deftige Eintöpfe.

Kaufen Sie möglichst Bio-Karotten, sie enthalten mehr Bioaktivstoffe und schmecken einfach besser: In Tests mit Schulkindern wurden sie ausnahmslos »herausgeschmeckt«!

Das Innenleben der Karotte

An der Scheibe eines besonders dicken Exemplars können Sie den Aufbau der Karotte wunderbar studieren: Vom gelben Kern in der Mitte führen strahlenartige Linien nach außen. Dieses »Herz« birgt ein regelrechtes Wasserleitungssystem, das die Pflanze zur Versorgung mit allen Nährstoffen braucht, die sie aus dem Boden gewinnt. Außerdem verleiht es der Karotte die nötige Stabilität – sowohl der Wurzel in der Erde als auch ihren oberirdischen Pflanzenteilen. Die dunkler gefärbte Schicht um dieses Zentrum bildet das Speichergewebe, das zuständig ist für Geschmack, Saft und Gesundheit.

Diese »Rinde«, die man deshalb nicht zu dick abschälen sollte, enthält süße Zuckermoleküle, reichlich Flüssigkeit und Karotin, das man unter dem Mikroskop als kleine kristallähnliche Partikel erkennen kann.

Vielseitige Karotten-Küche

Karottensticks mit würzigem Dip

Für 4 Personen

**2 kleine Tomaten • 2 Knoblauchzehen • Salz • 1 Prise Zucker
Weißer Pfeffer aus der Mühle • 1–2 EL provenzalischer Kräuteressig
150 ml Olivenöl • 2 EL frisch geriebener Greyerzer Käse • 1 TL getrocknete Kräuter der Provence • 500 g junge Bundkarotten (→ Tipp)**

1 Die Tomaten mit kochendem Wasser übergießen, kurz darin ziehen lassen, häuten und von den Stielansätzen befreien. In ganz kleine Würfel schneiden. Den Knoblauch abziehen und mit 1 Teelöffel Salz möglichst fein zerdrücken.

2 Tomaten mit dem Knoblauch in einer Schüssel mischen. Mit Zucker, einer kräftigen Prise grobem oder fein gemahlenem Pfeffer und Essig würzen.

3 Das Öl nach und nach zugeben und alles mit dem Schneebesen oder den Quirlen des Handrührgerätes zu einer sämigen Sauce verrühren. Zum Schluss den Käse und die Kräuter unterrühren, und die Sauce eventuell noch mit Salz abschmecken. Zugedeckt 30 Minuten ziehen lassen.

4 Die Karotten waschen oder schaben. Das Grün bis auf ein kleines Büschel abschneiden. Karotten entweder ganz lassen oder einmal längs halbieren. Zum Dip servieren.

Unser Tipp

Die schlanken zarten Bundkarotten mit Grün gibt es nur im Sommer. Sonst nehmen Sie für diese Vorspeise kräftige, ruhig auch dicke Winterkarotten: Sie werden geschält und der Länge nach in dicke Sticks geschnitten. Und wenn Sie keine vollreifen, wirklich aromatischen frischen Tomaten bekommen, rühren Sie den Dip mit zwei bis drei Esslöffel Pizzatomaten aus der Dose an. Zu den Sticks mit dem Dip schmeckt lockeres italienisches Landbrot. Zum leichten Hauptgericht wird das Essen mit frisch gekochten neuen Kartoffeln.

Leberpastete mit Karottensalat

Für 4 Personen

300 g Karotten • 2–3 Blättchen Rucola • 1 EL Sherry- oder Himbeeressig Salz • 3 EL Olivenöl • 200 g Enten-, Hasen- oder Wildschweinterrine (→ Tipp) • 200 g Preiselbeerkompott (Glas) 1 EL eingelegte oder frische grüne Pfefferkörner (→ Tipp) 1–2 EL Portwein oder Weinbrand • 1 Kästchen Kresse

1 Die Karotten schälen und fein oder grob raspeln. Rucola waschen, trockentupfen und ganz fein schneiden. Karotten und Rucola mit Essig, Salz und Öl mischen und zugedeckt 20 Minuten ziehen lassen.

2 Die Terrine in Scheiben schneiden oder mit einem in kaltes Wasser getauchten Löffel in Nocken abstechen. Auf Portionstellern anrichten. Das Preiselbeerkompott mit Pfefferkörnern und Portwein oder Weinbrand verrühren und auf die Terrine geben.

3 Den Karottensalat daneben verteilen. Die Kresse mit einer Küchenschere abschneiden. Den Salat und die Terrine damit bestreuen. Mit Baguette, hellem französischen Landbrot oder Toast und Butter servieren.

Unser Tipp

In Feinkostläden und Weinhandlungen bekommen Sie Pasteten in Gläsern. Beim Metzger und in vielen Supermärkten an der Wursttheke gibt es sie offen. Gut schmeckt auch Pâté aus der Dose, die Sie in vielen Supermärkten bei den Fleischkonserven finden.
Pfeffer ist eine tropische Kletterpflanze mit beerenartigen Früchten. Als grüne Körner sind sie noch unreif, schmecken aber besonders fein und leicht fruchtig. Zu kaufen gibt es sie frisch an der Rispe – ähnlich wie Johannisbeeren –, in Salzlake eingelegt und gefriergetrocknet. Frischen grünen Pfeffer müssen Sie rasch verbrauchen, denn sobald die Fruchtschale trocknet, verfärbt sie sich schwarz. Grünen Pfeffer verwendet man für Salate, Saucen und Süßes.

Marinierte Karotten

Für 4 Personen

500 g junge Bundkarotten • 100 g brauner Zucker • 3/8 l Gemüsebrühe
100 ml trockener Weißwein • Saft von 2 Zitronen
2 Lorbeerblätter • 1/2 TL Salz • 1 kleines Bund Dill
150 g Schwarzwälder Schinken in dünnen Scheiben

1 Die Karotten waschen und schaben. Das Grün bis auf ein kleines Büschel abschneiden.

2 Den Zucker in einen weiten, halbhohen Topf geben und auf die Kochstelle setzen. Unter ständigem Rühren bei mittlerer Hitze schmelzen und leicht bräunen. Den Topf von der Kochstelle nehmen. Brühe, Wein und Zitronensaft langsam zum Zucker gießen und dabei ständig rühren. Den Topf wieder auf die Kochstelle setzen.

3 Die Mischung aufkochen und die Karotten hinzufügen. Lorbeerblätter und Salz zugeben. Alles einmal aufkochen und zugedeckt bei schwacher Hitze etwa 10 Minuten kochen, bis die Karotten bissfest sind. Mit dem Sud in eine Gratinform geben. Kühl und zugedeckt mindestens 8 Stunden marinieren.

4 Zum Servieren den Dill waschen, trockentupfen, fein zerkleinern und über die Karotten streuen. Die Schinkenscheiben halbieren, jeweils aufrollen und einzeln auf Holzspießchen stecken. Auf einer Platte anrichten und zu den Karotten reichen.

Unser Tipp

Zu den Karotten als Vorspeise passt Baguette oder Bauernbrot mit Butter.
Für ein Hauptgericht kochen Sie Pellkartoffeln dazu und nehmen pro Person eventuell eine dickere Scheibe Katenschinken.
Falls Sud übrig bleibt: Mit gutem Öl gemischt, ergibt er eine raffinierte Salatsauce.

Frühlingssalat

Für 4 Personen

300 g Karotten • 4 getrocknete Tomaten (in Öl eingelegt)
1 EL schwarze Oliven ohne Stein • Je 1 Bund Schnittlauch, Petersilie, Basilikum und Brunnenkresse • 2 EL weißer Balsam- oder Honigessig
2 EL Gemüsebrühe (Instant) • Salz, schwarzer Pfeffer aus der Mühle
5 EL Öl (von den Tomaten) • 100 g weicher Schafskäse (→ Tipp)

1 Die Karotten schälen und grob raspeln. Die Tomaten in Stücke schneiden, die Oliven grob hacken.

2 Schnittlauch, Petersilie, Basilikum und Brunnenkresse waschen, trockentupfen und sehr fein zerkleinern. Dabei alle harten Stiele entfernen.

3 Karotten, Tomaten, Oliven und Kräuter in einer großen Schüssel locker mischen. Essig mit Gemüsebrühe, Salz, Pfeffer und dem Öl der Tomaten verrühren und darüber gießen. Alles mischen und auf Portionstellern anrichten. Den Schafskäse zerbröckeln und darüber verteilen.

Unser Tipp

Die Stiele der Brunnenkresse mitverwenden; sie sind so zart wie die Blätter und schmecken auch so gut. Statt der angegebenen Kräuter können Sie auch 1 Bund Grüne-Sauce-Kräuter und 1 Kästchen Gartenkresse nehmen.
Weicher Schafskäse ist zum Beispiel griechischer Feta, den man für Bauernsalat oder zum Überbacken mit Tomaten verwendet. Sie bekommen ihn in Lake oder in Olivenöl mit Kräutern und Knoblauch eingelegt. Ursprünglich war dieses Marinieren nur eine Konservierungsmethode, die Schimmelbildung oder Bakterienwachstum auf dem frischen, weichen Käse hemmte. Man konnte den Käse so über Wochen und Monate aufbewahren.
Aus Schafmilch hergestellt und als Weichkäse angeboten wird auch der spanische »Burgos«. Er ist ebenfalls so geschmeidig, dass Sie ihn zerbröckeln können und nicht schneiden müssen.

Arabischer Karottensalat

Für 4 Personen

50 g Instant-Couscous (→ Tipp Seite 34) • 1/8 l Gemüsebrühe (Instant)
3 EL Zitronensaft • 300 g junge Bundkarotten • 6 EL Olivenöl
1 große Fleischtomate • 1/2 Bund Koriandergrün oder glatte Petersilie
1 Bund Schnittlauch • 1 EL Weißweinessig • Salz
Schwarzer Pfeffer aus der Mühle

1 Couscous in einer Schüssel mit Gemüsebrühe und Zitronensaft mischen und zugedeckt ziehen lassen, bis der Salat fertig ist.

2 Die Karotten waschen oder schaben und in dünne Scheiben schneiden. 2 Esslöffel Öl in einer Pfanne erhitzen, die Karotten darin bei starker Hitze unter ständigem Rühren etwa 1/2 Minute kräftig rösten, in eine Schüssel geben und etwas abkühlen lassen.

3 Die Tomate waschen, abtrocknen und würfeln, dabei den Stielansatz entfernen. Koriander und Schnittlauch waschen, trockentupfen und mit einem scharfen Messer fein schneiden.

4 Tomaten, Koriander und Schnittlauch zu den Karotten geben. Essig, Salz, Pfeffer und 1 Esslöffel Öl zufügen und alles mischen. Den Salat auf Portionstellern anrichten.

5 Couscous mit einer Gabel lockern, mit dem restlichen Öl verrühren und auf dem Salat verteilen. Den Salat erst beim Essen durchmischen.

Unser Tipp

Tabouleh heißt diese Mischung aus Karotten, Kräutern und Couscous, die im ganzen östlichen Mittelmeerraum verbreitet ist. Die Varianten sind zahlreich – diese hier können Sie für sechs Personen als Vorspeisensalat, für vier sogar als kleinen Imbiss servieren.

Russischer Karottensalat

Für 4 Personen

700 g Karotten • 6 Knoblauchzehen • Salz • Schwarzer Pfeffer aus der Mühle • 4 EL Sonnenblumenöl • 1 EL beliebige gehackte Kräuter

1 Die Karotten schälen und auf dem Gemüseschneider in dünne, lange Streifen hobeln. In eine Schüssel geben, in die Mitte eine Mulde drücken. Die Knoblauchzehen abziehen und durch eine Knoblauchpresse in diese Mulde drücken. Salz und groben Pfeffer darüber streuen.

2 Das Öl stark erhitzen und über die Karotten gießen. Rasch durchmischen, den Salat mit den Kräutern bestreuen und sofort servieren.

Karottensalat mit Birnen

Für 4 Personen

300 g Karotten • 2 feste Birnen (etwa 300 g) • 4 EL Orangensaft 75 g saure Sahne • 1 TL dunkles Sesamöl oder Erdnussöl • 50 g Mandelstifte 1 EL gehackter Dill • Weißer Pfeffer aus der Mühle • Eventuell Salz

Die Karotten schälen und grob raspeln. Die Birnen vierteln, vom Kerngehäuse befreien, schälen und in kleine Würfel schneiden. Orangensaft, saure Sahne und Öl verrühren. Mit Karotten, Birnen, Mandeln und Dill mischen. Den Salat mit Pfeffer und eventuell Salz abschmecken.

Karottenrohkost mit Datteln

Für 4 Personen

300 g Karotten • 1 Orange • 50 g Datteln • 1–2 TL Apfelessig
Salz • Schwarzer Pfeffer aus der Mühle • 1 EL Kürbiskernöl
1 EL gehackte Petersilie

1 Die Karotten schälen und fein raspeln. Die Orange mit einem Messer so schälen, dass auch die weiße Haut entfernt wird, und das Fruchtfleisch in kleine Stücke schneiden. Die Datteln waschen, trockentupfen und in feine Streifen schneiden. Dabei die Kerne entfernen.

2 Alle diese Zutaten mit Apfelessig, wenig Salz, Pfeffer und Öl mischen. Mit der Petersilie bestreut servieren.

Unser Tipp

Schälen Sie die Orange über der Schüssel mit den Karotten, der dabei abtropfende Saft würzt die Rohkost.

Feuriger Karottencocktail

Für 6 Gläser

Je 300 ml Karotten- und naturtrüber Apfelsaft • Je 150 ml Grapefruit- und Orangensaft • ½ TL Harissa (Chilipaste; → Tipp Seite 26) 4 Blättchen frische Minze

Alle Säfte mischen und mit Harissa scharf abschmecken. Die Minzeblättchen waschen, trockentupfen, in Streifen schneiden und untermischen.

Karottencocktail mit Orangenlikör

Für 6 Gläser

½ l Karottensaft • ½ l Maracujasaft • Saft von 1 Zitrone 4 cl Orangenlikör • 4 Zweige Zitronenmelisse

Die Säfte mit dem Likör mischen und in gekühlte Gläser füllen. Zitronenmelisse waschen und trockentupfen. Die Cocktails damit garnieren.

Unser Tipp

Beide Cocktails sind Aperitifs für die »Großen«. Die richtigen Drinks für die Kleinen stehen auf der folgenden Seite.

Rosa Karottensaft

Für 6 Gläser

Je ½ l Karotten- und Kirschsaft • ⅛ l Orangensaft
200 g Buttermilch- oder Jogurteis • Honig oder Ahornsirup

Die Säfte in ein hohes Gefäß geben. Eis zufügen und alles mit dem Pürierstab gut durchmixen. Mit Honig oder Ahornsirup süßen.

Karottendrink mit Sanddorn

Für 6 Gläser

½ l Karottensaft • 500 g Dickmilch • 2–3 EL gesüßter Sanddornsaft
Zitronensaft • Kakaopulver oder Zimt

Karottensaft mit Dickmilch und Sanddorn kräftig durchmixen. Mit Zitronensaft abschmecken und in Gläser füllen. Jede Portion mit einer Prise Kakao oder Zimt bestreuen.

Unser Tipp

Solche gehaltvollen Drinks sind für Kinder eine gesunde Zwischenmahlzeit.

Karottenröllchen mit Speck

Für 4 Personen

3 große, dicke Karotten • 1 EL Orangensaft • 1 Msp. Honig
1 EL gehackte Petersilie • Salz • Schwarzer Pfeffer aus der Mühle
12 Scheiben Bacon (ersatzweise dünne Scheiben durchwachsener Bauchspeck) • 2 EL Tomatenketchup • 1/4 TL Harissa (→ Tipp) • 1 EL Öl

1 Die Karotten schälen und waschen. Mit einem Sparschäler von jeder Möhre längs dünne Scheiben abschneiden, bis es insgesamt 12 Scheiben sind.

2 Den Rest der Karotten fein oder grob raspeln, mit Orangensaft, Honig und Petersilie mischen, mit Salz und Pfeffer würzen und auf Tellern anrichten.

3 Speckscheiben nebeneinander auf der Arbeitsfläche ausbreiten. Ketchup mit Harissa verrühren, die Scheiben dünn damit bestreichen und mit je einer Karottenscheibe belegen. Speck aufrollen und mit Zahnstochern feststecken.

4 Das Öl in einer großen beschichteten Pfanne erhitzen. Die Röllchen in zwei Portionen darin etwa 10 bis 15 Minuten bei mittlerer bis schwacher Hitze braten, bis sie leicht gebräunt sind. Eventuell auf Küchenpapier abtropfen lassen. Warm zur Karottenrohkost servieren. Außerdem passt Toast oder Baguettebrötchen dazu.

Unser Tipp

Harissa, typisch für die nordafrikanische Küche, wird auch in Israel und den arabischen Ländern verwendet. Die milde bis scharfe Paste besteht aus getrockneten roten Chilis, Knoblauch, Kreuzkümmel, Koriandersamen und Salz, manchmal auch Zitrone oder Minze. Sie eignet sich als Würze für Suppen, Dressings, Dips, Fonduesaucen und Quarkmischungen. Eher scharfes Harissa in Tuben bekommen Sie vorwiegend in türkischen Läden, mildes Harissa in Gläsern gibt es in Naturkostläden. Wenn Sie scharfes Harissa nicht bekommen, können Sie als Ersatz indonesisches Sambal oelek verwenden.

Karottensandwich mit Roastbeef

Für 4 Personen

4 junge Bundkarotten • 4 Blätter Römer-, Batavia- oder Kopfsalat
1 Fleischtomate • 1 EL Pesto (aus dem Glas, → Tipp Seite 36)
Salz • Schwarzer Pfeffer aus der Mühle • 8 Scheiben Kastenweißbrot
(ersatzweise Toastbrot aus der Packung) • 4–5 EL Salatmayonnaise
200 g Roastbeef (fertig gekauft)

1 Die Karotten waschen oder schaben und grob raspeln. Die Salatblätter und die Tomate waschen, trockentupfen und fein zerkleinern. Alle drei Zutaten mit dem Pesto mischen. Eventuell mit Salz und Pfeffer würzen.

2 Die Brotscheiben jeweils auf einer Seite mit der Salatmayonnaise bestreichen. Das Roastbeef auf 4 Brotscheiben legen. Die Karottenmischung darauf verteilen. Die restlichen Brotscheiben darauf legen und leicht andrücken.

Unser Tipp

Probieren Sie statt Roastbeef mal anderen kalten Braten oder Schinken zu den Karotten. Damit die Sandwiches schön würzig sind, brauchen Sie ganz frische und saftige Karotten.
Wer lieber knusprige Sandwiches mag, toastet die Weißbrotscheiben oder nimmt beliebige Brötchen: Gut schmecken zum Beispiel kräftige Roggen- oder Sesambrötchen.

Baguette mit Mett

Für 4 Personen

200 g Karotten • 100 g saure Sahne • 2 EL Schnittlauchröllchen • Salz Weißer Pfeffer aus der Mühle • 8 fingerdicke Scheiben Baguette 1 EL Knoblauchpaste • 200 g Zwiebelmettwust oder Schweinemett ¼ Kästchen Kresse

1 Den Backofen auf 180 °C (Umluft 160 °C, Gas Stufe 2) vorheizen. Die Karotten schälen und fein raspeln. Mit saurer Sahne und Schnittlauch mischen, mit Salz und Pfeffer kräftig abschmecken.

2 Die Baguettescheiben auf ein Backblech legen, in den heißen Ofen (mittlere Schiene) schieben und auf beiden Seiten goldgelb anrösten.

3 Herausnehmen und auf einer Seite dünn mit der Knoblauchpaste bestreichen. Mit der Zwiebelmettwurst belegen. Die Karottenmischung darauf verteilen und mit der abgeschnittenen Kresse garniert servieren.

Unser Tipp

So eignet sich dieses Rezept als Snack für viele Leute: Die Karotten raspeln, mit Sahne, Kräutern und Gewürzen mischen und in einer großen Schüssel bereitstellen. Das Mett auf einer Platte anrichten und gleich mit der Kresse bestreuen. Jeweils ein Blech Baguettescheiben rösten und den Gästen auf Tellern zum Selberbelegen servieren.

Feine Karottenterrine

Für 8 Personen

1 kg Karotten • 1 Zwiebel • 1 TL Butter • 2 Knoblauchzehen
1 ½ EL Gemüsebrühe (Instant) • 2 EL Zitronensaft • 1 Hand voll
frischer Spinat • ½ Bund Petersilie • 4 Eier • 100 g Sahne
150 g Mascarpone • Salz • 1 TL abgeriebene Zitronenschale
1 TL gemahlener Koriander oder 1 Hand voll Koriandergrün
1 TL geriebene Muskatnuss • Weißer Pfeffer aus der Mühle
75 g Kartoffelpüreepulver (Tüte) • Fett und Butterbrotpapier für die Form

1 Die Karotten schälen und grob würfeln. Die Zwiebel abziehen, fein zerkleinern und in der heißen Butter glasig braten. Karotten zugeben. Den Knoblauch abziehen, zerdrücken und dazugeben. Gemüsebrühe, 4 Esslöffel Wasser und Zitronensaft zugeben, aufkochen und die Karotten in etwa 20 Minuten weich kochen. Mit dem Stabmixer pürieren und abkühlen lassen.

2 Den Spinat waschen und trockenschwenken, harte Stiele entfernen. Blätter in reichlich sprudelnd kochendem Wasser einige Sekunden kochen, bis sie weich und intensiv grün sind. Abgießen und abtropfen lassen. Die Petersilie waschen, trockentupfen und sehr fein hacken.

3 Den Backofen auf 160 °C (Umluft 140 °C, Gas Stufe 1–2) vorheizen. Die Eier trennen. Eiweiß und Sahne getrennt steif schlagen. Eigelbe mit Karottenpüree und Mascarpone verrühren, Petersilie untermischen. Püree mit Salz, Zitronenschale, Koriander, Muskat und Pfeffer kräftig abschmecken. Eiweiß und Sahne auf das Gemüsepüree geben, das Kartoffelpüreepulver darüber streuen. Alles mit einem Kochlöffel locker, aber gründlich mischen.

4 Eine Kastenform von 30 Zentimeter Länge fetten, mit Butterbrotpapier auslegen und dieses ebenfalls fetten. Die Hälfte des Karottenpürees darin glattstreichen. Den Spinat mit den Händen sehr gut ausdrücken und als langen Strang auf das Püree legen. Das restliche Püree darauf verteilen und mit gefettetem Butterbrotpapier bedecken.

5 Die Form in einen Bräter stellen. Diesen mit heißem Wasser füllen, sodass das Wasser etwa zwei Finger breit unter dem Rand der Kastenform steht. Den Bräter in den heißen Backofen schieben. Die Terrine 1 ½ Stunden garen und weitere 30 Minuten im abgeschalteten Ofen ruhen lassen. Aus dem Wasser nehmen, jedoch in der Form über Nacht abkühlen lassen.

6 Die Terrine auf eine Platte stürzen und das Papier abziehen. Terrine in Scheiben schneiden und mit grobem Pfeffer bestreut anrichten.

Karottenschnittchen

Für 8 Personen

125 g Instant-Polenta (→ Tipp) • 1 große Karotte • 1 Ei
1 Päckchen TK-Mischung »Italienische Kräuter« • Salz • Cayennepfeffer
Öl zum Braten • 24 Cornichons • 24 dünne Scheiben Salami

1 Die Polenta mit ½ Liter Wasser nach Packungsaufschrift zubereiten. Die Karotte schälen und fein reiben. Mit der heißen Polenta vermischen. Ei, Kräuter, Salz und Cayennepfeffer unterrühren.

2 Den Teig auf einem kalt abgespülten Brett zu einem fingerdicken Rechteck formen und in 24 Schnittchen schneiden. Abkühlen lassen und im heißen Öl zugedeckt bei mittlerer Hitze pro Seite etwa 5 Minuten braten.

3 Zum Servieren die abgetropften Cornichons in die Salamischeiben wickeln und mit Holzspießchen auf die lauwarmen Schnittchen stecken.

Unser Tipp

Instant-Polenta gibt es in türkischen Läden und manchen Supermärkten. Zum Braten nimmt man am besten eine beschichtete Pfanne.

Eingewickelte Karotten

Für 4 Personen

2 Tomaten • ½ Bund Schnittlauch • 100 g Magermilchjogurt 3 EL Remouladensauce (Glas) • Salz • Pfeffer aus der Mühle • 8 junge Karotten • ½ Bund Rucola • 4 große Scheiben Beinschinken (200 g)

1 Für den Dip die Tomaten waschen, abtrocknen und würfeln, dabei die Stielansätze entfernen. Den Schnittlauch waschen, trockentupfen und in ganz feine Röllchen schneiden. Den Jogurt mit 1 Esslöffel Remouladensauce verrühren. Tomaten und Schnittlauch untermischen. Den Dip mit Salz und Pfeffer abschmecken.

2 Die Karotten schälen. Vier davon der Länge nach in möglichst dünne Stifte schneiden. Die anderen vier Karotten fein raspeln und mit der restlichen Remoulade mischen. Rucola waschen, trockentupfen, fein schneiden und ebenfalls untermischen.

3 Die Schinkenscheiben auf der Arbeitsfläche ausbreiten und mit der Karottencreme bestreichen. Die Karottenstifte dicht an dicht darauf verteilen, nach Wunsch mit Salz und Pfeffer würzen. Die Scheiben aufrollen und in etwa 5 Zentimeter lange Stücke schneiden.

4 Die eingewickelten Karotten nebeneinander auf einer Platte anrichten und den Dip dazu servieren. Außerdem Baguette oder Pumpernickel mit Butter dazu reichen.

Unser Tipp

Die Karottenröllchen müssen Sie mit einem ganz scharfen Messer – keinem Sägemesser – in Stücke schneiden, sonst fallen sie auseinander. Rollen Sie die Schinkenscheiben deshalb auch möglichst straff auf. Statt Schinken schmecken auch die großen Scheiben von italienischer Mortadella oder dünn aufgeschnittener Räucherlachs.

Gefüllte Avocado

Für 4 Personen

100 g Shrimps • Je 2 EL Karotten- und Orangensaft • 2 EL Zitronensaft 1 TL körniger Senf • Salz • Weißer Pfeffer aus der Mühle 2 reife Avocados (→ Tipp) • 4 Bundkarotten • 1 Hand voll Koriandergrün oder Brunnenkresse

1 Die Shrimps kalt abspülen und trockentupfen. Karotten- und Orangensaft mit 1 Teelöffel Zitronensaft, Senf, Salz und grobem Pfeffer verrühren. Die Shrimps damit mischen und zugedeckt 20 Minuten ziehen lassen.

2 Avocados halbieren, die Kerne herauslösen. Die Hälften mit der Höhlung nach oben auf Portionsteller legen, mit dem restlichen Zitronensaft beträufeln.

3 Die Karotten waschen und fein raspeln. Die Kräuter waschen, trockentupfen und mit einem scharfen Messer sehr fein schneiden. Karotten und Kräuter mit den Shrimps mischen. Die Avocadohälften damit füllen.

Unser Tipp

Der Snack wird mit zarten Bundkarotten natürlich am besten. Doch die gibt es nur im Frühjahr. Sonst müssen Sie »normale« Karotten nehmen – fein geraspelt und mit einer Prise Zucker gewürzt. Statt Koriander oder Brunnenkresse schmecken auch Rucola oder Petersilie gut in der Füllung.
Ob eine Avocado reif ist, erkennen Sie an der Schale: Je nach Sorte bilden sich schwarze Pünktchen, oder die Farbe wechselt von kräftig grün zu dunkelgrün bis fast schwarz. Auch so können Sie die Reife feststellen: Die Frucht leicht und ohne Druck in die Hand nehmen. Wenn sie sich etwa so geschmeidig anfühlt wie eine reife Banane, ist sie gut. Wirkt sie dagegen hart und kalt auf der Hand, kann man sie noch nicht essen. Doch Avocados reifen ohne Qualitätsverlust nach: Zwischen zwei und zehn Tagen dauert das bei Zimmertemperatur. Wenn es schneller gehen soll, wickelt man sie mit Äpfeln oder Bananen zusammen in eine Papiertüte.

Frühlingssuppe

Für 4 Personen

400 g Karotten • 2 Stangen Sellerie • 2 Stangen Porree • 1 Zwiebel
1 kleine Dose geschälte Tomaten (400 g) • 3 EL Olivenöl
1 Paket TK-Dicke-Bohnen (300 g) • 1 l Gemüse- oder Fleischbrühe (Instant)
2 Hand voll frischer Spinat • 2 EL Instant-Couscous (→ Tipp) • Salz
Weißer Pfeffer aus der Mühle

1 Die Karotten schälen und in kleine Würfel schneiden. Sellerie und Porree putzen, waschen und in fingerdicke Stücke schneiden. Dabei die saftigen grünen Porreeblätter mitverwenden. Die Zwiebel abziehen und fein zerkleinern. Die Tomaten in der Dose grob zerschneiden.

2 Das Öl in einem großen Topf erhitzen. Karottenwürfel und Zwiebel darin bei schwacher Hitze braten, bis die Zwiebel glasig ist.

3 Tomaten mit Flüssigkeit, Sellerie, Porree, Dicke Bohnen und Brühe zugeben und einmal kräftig aufkochen. Zugedeckt bei schwacher bis mittlerer Hitze 5 bis 7 Minuten kochen, bis Karotten und Bohnen gar sind.

4 Den Spinat waschen, eventuell von den harten Stielen befreien und grob hacken. Mit dem Couscous zur Suppe geben, umrühren und noch einmal kräftig aufkochen. Die Suppe mit Salz und Pfeffer abschmecken. Sofort servieren, damit der Couscous nicht zu weich wird.

Unser Tipp

Instant-Couscous bekommen Sie in türkischen Läden und manchen Supermärkten. Die aus Weizengrieß hergestellten kleinen Körnchen sind bereits vorgegart und werden deshalb schnell weich. Couscous ist auch für empfindliche Mägen leicht verdaulich. Außerdem macht er die Suppe sämig. Wer das nicht mag, kocht zwei Hand voll Hörnchen- oder Spiralnudeln al dente und mischt sie unmittelbar vor dem Servieren unter.

Karottensuppe mit Kräuterpaste

Für 4 Personen

500 g Karotten • 1 Stück Knollensellerie (etwa 100 g) • 1 l Gemüse- oder Fleischbrühe (Instant oder selbst gekocht) • 1 kleine Zwiebel 1 EL Öl • 100 g Rinderhack • 2 EL Basilikum- oder andere Kräuterpaste (Glas; → Tipp) • Salz • Pfeffer aus der Mühle • 1 EL Zitronensaft

1 Die Karotten und den Sellerie schälen und in kleine Würfel schneiden. Beide Zutaten mit der Brühe aufkochen und zugedeckt bei schwacher Hitze in etwa 10 Minuten bissfest garen.

2 Inzwischen die Zwiebel abziehen und in dünne Ringe schneiden. Im heißen Öl bei schwacher Hitze weich und goldgelb braten. Rinderhack zugeben und bei starker Hitze unter Rühren krümelig braten.

3 Fleisch, Zwiebeln und Kräuterpaste in die Suppe mischen. Mit Salz, Pfeffer und Zitronensaft abschmecken.

Unser Tipp

Kräuterpasten finden Sie im Feinkostregal der Supermärkte: zum Beispiel Pasten aus Bärlauch, Thymian oder Rucola. Auch Tapenade, eine kräftige Olivenpaste, eignet sich für diese Karottensuppe.
Von der bekanntesten dieser Kräutermischungen, dem italienischen Pesto, bekommen Sie verschiedene Varianten fertig gemischt im Glas: die klassische mit Basilikum, Pinienkernen und Parmesan sowie eine preiswerte, die Cashewnüsse statt der Pinienkerne enthält. Außerdem ein scharf gewürztes Pesto aus Kalabrien mit Peperoni und Ricotta und eines aus Sizilien – appetitlich rot und würzig durch vollreife Tomaten. Schmecken Sie deshalb die Suppe erst ab, nachdem Sie die Kräuterpaste gründlich untergerührt haben. Fertige Pasten enthalten manchmal viel Salz! Wenn Ihre Kinder die Suppe ohne Fleisch lieber mögen: Mit Grießklößchen, Kartoffelwürfeln oder frisch und separat gekochten Nudeln macht sie ebenfalls satt und liefert genügend Eiweiß.

Karottensuppe mit Kräutern und Speck

Für 4 Personen

**500 g Karotten • 1 l Gemüse- oder Hühnerbrühe (Instant) • 1 Prise Zucker
50 g Speck (→ Tipp) • 1 TL Olivenöl • 3 EL Kartoffelpüreepulver (Tüte)
3 EL Sahne • 2 EL gemischte gehackte Kräuter • 1–2 EL Zitronensaft
Salz • Weißer Pfeffer aus der Mühle • Geriebene Muskatnuss**

1 Die Karotten schälen und in grobe Stücke schneiden. Brühe mit Zucker zum Kochen bringen.

2 Die Karotten darin aufkochen und zugedeckt bei mittlerer Hitze in etwa 15 Minuten sehr weich garen. Im Topf mit dem Stabmixer pürieren.

3 Während die Karotten garen, den Speck in kleine Würfel schneiden und im heißen Öl bei schwacher Hitze glasig braten und leicht bräunen.

4 Das Püreepulver mit einem Schneebesen in die Suppe rühren, Sahne, Speck und Kräuter zugeben. Die Suppe erhitzen, aber nicht mehr aufkochen. Mit Zitronensaft, Salz, Pfeffer und Muskatnuss abschmecken.

Unser Tipp

Bei Speck können Sie wählen: Schinkenspeck ist die so genannte »Unterschale«, die man auch für Schweinebraten mit Schwarte verwendet. Gepökelt, getrocknet und eventuell geräuchert wird das Stück dann zu einem Rohschinken mit mehr oder weniger dicker Fettschicht und Schwarte. Verwendet wird er wie Aufschnitt oder zum Anbraten und Aromatisieren für Pizzabelag, Gemüsefüllungen, Nudelsaucen und Eierspeisen. Durchwachsener Speck stammt vom Schweinebauch, ist durchzogen von Muskel- und Fettstreifen, hat ebenfalls Schwarte und dazu Knorpel. Er wird roh gepökelt und eventuell geräuchert. Man nimmt ihn vorwiegend zum Aromatisieren von Gemüse, Sauerkraut und – als Frühstücksspeck oder Bacon – für gebratene Eier mit Speck nach amerikanischer Art.

Forellensuppe mit Dill

Für 4 Personen

150 g Forellenfilets • Saft von ½ Zitrone • Weißer Pfeffer aus der Mühle 2 Stangen Sellerie • 300 g Karotten • 2 rote Zwiebeln • 2 kleine Tomaten 2 EL Olivenöl • 400 ml Fischfond oder Gemüsebrühe (→ Tipp) ¼ l trockener Weißwein • Salz • 1 Prise Zucker • 1 EL gehackter Dill

1 Die Forellenfilets kalt abspülen, trockentupfen und quer zur Faser in fingerbreite Streifen schneiden. Mit Zitronensaft und grobem Pfeffer würzen.

2 Sellerie waschen. Die zarten Sellerieblättchen abschneiden und zum Bestreuen der Suppe fein zerkleinern. Die Selleriestangen in kleine Stücke schneiden. Karotten schälen und in dünne Stifte schneiden. Zwiebeln abziehen und in feine Ringe schneiden. Tomaten überbrühen, abziehen, achteln und dabei die Stielansätze entfernen.

3 Das Öl in einem großen Topf erhitzen. Die Zwiebeln darin bei schwacher Hitze glasig braten. Karotten und Sellerie zugeben und unter Rühren etwa 2 Minuten schmoren.

4 Tomaten, Fond oder Brühe und Wein zugeben und einmal kräftig aufkochen. Den Fisch zufügen und zugedeckt bei schwacher Hitze in etwa 3 Minuten gar ziehen lassen. Mit Salz und Zucker abschmecken. Die Suppe mit Sellerieblättchen und Dill bestreuen.

Unser Tipp

Fischfond in 400-Milliliter-Gläsern gibt es in vielen Supermärkten. Guter Ersatz dafür ist Gemüsebrühe; Instantbrühe sollte allerdings nicht zu kräftig sein, damit sich die feinen Aromen von Forellen und Gemüse entfalten können. Anstelle von Forellenfilets können Sie übrigens fast jedes andere Fischfilet verwenden: Sehr edel wird die Suppe mit Filet von Hecht oder Saibling. Aber auch jeder Seefisch harmoniert mit Gemüse und Wein.

Karotten-Kartoffel-Suppe

Für 4 Personen

500 g Karotten • 300 g vorwiegend fest kochende Kartoffeln
2 Knoblauchzehen • 1 kleiner Zweig Rosmarin • 2 EL Olivenöl
1 l Fleisch- oder Gemüsebrühe (Instant) • 100 g Crème fraîche • Salz
Pfeffer aus der Mühle • 1 Prise Zucker • 1 EL Zitronensaft
1 EL gehackte Kräuter

1 Die Karotten und die Kartoffeln schälen, waschen und in kleine Würfel schneiden. Knoblauch abziehen und zerdrücken. Rosmarin waschen, trockentupfen, die Blättchen abzupfen und zerkleinern.

2 Das Öl in einem Topf erhitzen, den Knoblauch und das Rosmarin darin bei schwacher Hitze glasig braten. Karotten und Kartoffeln zugeben und kurz andünsten.

3 Die Brühe zugießen und aufkochen. Die Suppe zugedeckt bei mittlerer bis schwacher Hitze etwa 20 Minuten garen, bis Karotten und Kartoffeln sehr weich sind. In der Brühe mit dem Kartoffelstampfer je nach Wunsch grob oder fein zerdrücken.

4 Crème fraîche unterrühren und die Suppe noch einmal erhitzen. Mit Salz, Pfeffer, Zucker und Zitronensaft abschmecken und in vorgewärmten Portionstellern anrichten. Mit den Kräutern bestreuen.

Karottensuppe mit Orangen und Meerrettich

Für 4 Personen

500 g Karotten • 2 Knoblauchzehen • 1 Bund glatte Petersilie • 50 g Butter ¾ l Gemüsebrühe (Instant) • 200 g Crème fraîche • ⅛ l Orangensaft 1 TL abgeriebene Orangenschale • 1 EL Meerrettich (Glas oder frisch gerieben) • Salz • Geriebene Muskatnuss

1 Die Karotten schälen, waschen und in Scheiben schneiden. Den Knoblauch abziehen und zerdrücken. Die Petersilie waschen, knapp 1 Hand voll der Blätter abzupfen und beiseite legen. Den Rest der Petersilie sehr fein zerkleinern.

2 Die Butter in einem Topf erhitzen. Karotten, Knoblauch und zerkleinerte Petersilie darin bei schwacher Hitze unter häufigem Wenden 5 Minuten schmoren.

3 Etwa ¼ Liter Brühe und 2 Esslöffel Crème fraîche zugeben, unter Rühren aufkochen und etwa 30 Minuten zugedeckt garen, bis die Karotten ganz weich sind. Dabei nach und nach die restliche Brühe zugießen.

4 Die restliche Crème fraîche und den Orangensaft zur Suppe geben. Die Suppe mit dem Stabmixer pürieren und noch einmal erhitzen. Mit Orangenschale, Meerrettich, Salz und Muskat abschmecken. Die Petersilienblättchen hacken und auf die Suppe streuen.

Linsensuppe mit Koriander

Für 4 Personen

250 g Karotten • 1 Schalotte • 2 EL Chiliöl • 50 g rote Linsen
1 l Gemüsebrühe (Instant) • 1 Bund Koriandergrün (→ Tipp) oder Petersilie
1 kleines Stück frischer Ingwer • Salz • 1 große Msp. Honig
1–2 EL Zitronensaft

1 Die Karotten schälen und auf dem Gemüsehobel in feine Stifte hobeln. Die Schalotte abziehen, sehr fein zerkleinern und im heißen Öl glasig braten.

2 Karotten, Linsen und Brühe zugeben und einmal kräftig aufkochen. Zugedeckt bei schwacher Hitze in etwa 10 Minuten garen, bis Karotten und Linsen weich, aber noch bissfest sind.

3 Inzwischen das Koriandergrün waschen, trockentupfen und fein schneiden. Den Ingwer schälen und fein reiben.

4 Die Suppe mit Ingwer, Salz, Honig und Zitronensaft abschmecken und in heiße Teller verteilen. Mit Koriander bestreuen und sofort heiß servieren.

Unser Tipp

Rote Linsen sind geschält und deshalb so schnell gar wie die Karottenstifte. Koriander kennen wir heutzutage vorwiegend als würzige kleine Körner in kräftigen Roggenbroten. Dabei war das Grün lange Zeit auch bei uns ein ganz normales Küchenkraut, das die Haufrauen selbst im Garten anbauten. Gegen Ende des 19. Jahrhunderts geriet es dann in Vergessenheit. Erst vor einigen Jahren kehrte es dann als »Exotenkraut« wieder zurück, weil es zur beliebten mexikanischen und thailändischen Küche gehört.
Die frischen Blätter bekommen Sie in Asienläden. Das Kraut müssen Sie mit einem scharfen Messer oder der Küchenschere ganz sauber schneiden, dann riecht und schmeckt es wunderbar würzig. In der Kräutermühle zerkleinert oder einfach gehackt, entwickelt es sein Aroma nicht richtig.

Asiensuppe mit Nudeln

Für 4 Personen

200 g Karotten • 100 g frischer Spinat • 150 g Chinakohl
2 kleine Shiitake-Pilze • 4 Lauchzwiebeln • 1 l Hühner- oder Gemüsebrühe
(Instant oder selbst gekocht) • 200 g asiatische Nudeln (→ Tipp)
3 EL Erdnussöl zum Braten • 2 EL Sake oder trockener Sherry
1 EL Sojasauce • 2 EL Schnittlauchröllchen

1 Die Karotten schälen und in feine Scheiben hobeln. Spinat verlesen, waschen, trockentupfen und alle harten Stiele entfernen. Die Chinakohlblätter waschen, trockentupfen und quer zu den Fasern in knapp fingerbreite Streifen schneiden. Die harten Stiele der Pilze abschneiden, die Hüte vierteln. Die Lauchzwiebeln putzen, waschen und mit den zarten grünen Blättern in feine Röllchen schneiden.

2 Die Brühe erhitzen und kochend heiß halten. Die Nudeln in reichlich kochendes Salzwasser geben und in etwa 3 Minuten bissfest kochen.

3 Das Öl im Wok oder einer Pfanne kräftig erhitzen. Karotten, Spinat, Chinakohl, Pilze und Lauchzwiebeln darin bei starker Hitze unter ständigem Rühren etwa 1 Minute braten. Mit Sake und Sojasauce würzen.

4 Die Nudeln abgießen und abtropfen lassen. Heiß in gut vorgewärmte Portionsschüsseln geben. Pro Suppenportion ¼ Liter heiße Brühe über die Nudeln gießen. Das gebratene Gemüse darüber verteilen und mit dem Schnittlauch bestreuen. Die Suppe sofort servieren.

Unser Tipp

Die Suppe schmeckt mit chinesischen Instant-Nudeln, die Sie in den meisten Supermärkten und in Asienshops bekommen. Im Japanladen lassen Sie sich die langen, dünnen, gelben »Ramen-Nudeln« geben. Verwendet werden hier chinesische Weizennudeln, keine Glasnudeln aus Reis- oder Bohnenmehl.

Bunte Gemüsesuppe mit Curry

Für 4 Personen

**500 g Karotten • 2 kleine Zucchini • Je 1 grüne und gelbe Paprikaschote
1 Tomate • 1 mittelgroße Zwiebel • 2 Knoblauchzehen • 2 EL Olivenöl
1 EL Curry • 1 TL Paprikaflocken • 1 l Gemüsebrühe (Instant) • Salz
Pfeffer aus der Mühle • ½ TL Zucker • 500 g Sahnejogurt
1–2 EL gehackte Petersilie**

1 Die Karotten schälen, Zucchini und Paprikaschoten waschen und abtrocknen. Karotten und Zucchini grob würfeln, geputzte Paprikaschoten in Stücke schneiden. Die Tomate überbrühen, abziehen, achteln und dabei den Stielansatz entfernen. Zwiebel und Knoblauch abziehen und fein zerkleinern.

2 Das Öl in einem großen Topf erhitzen. Zwiebel und Knoblauch darin bei schwacher Hitze glasig braten. Karotten zugeben und alles bei mittlerer Hitze etwa 5 Minuten schmoren.

3 Zucchini, Tomaten und Paprika zufügen, mit Curry und Paprikaflocken bestreuen und alles unter ständigem Wenden weitere 2 Minuten schmoren. Brühe zugießen, aufkochen und die Suppe zugedeckt bei schwacher Hitze noch einmal 5 Minuten garen. Mit Salz, Pfeffer und Zucker abschmecken.

4 Den Jogurt mit einem Schneebesen cremig rühren, mit Petersilie und grobem Pfeffer mischen und zur Suppe servieren.

Unser Tipp

Den Jogurt rührt sich jeder bei Tisch in seine Suppenportion. Servieren Sie als Beilage zu dieser Suppe aus Indien frisch gekochten Reis, den man nicht in die Suppe rührt, sondern mit dem Löffel dazu isst. Jogurt steht in vielen Regionen Indiens zu jeder Mahlzeit auf dem Tisch. Pur oder gewürzt mit Kräutern, Kreuzkümmel oder Koriander, mildert er die Schärfe von Currygerichten und ergänzt rein pflanzliche Gerichte mit wertvollem Eiweiß.

Karottenpuffer

Für 4 Personen

300 g Kartoffeln • 500 g Karotten • 1 kleine Zwiebel • 1 Knoblauchzehe
4 Zweige frischer Majoran oder Oregano • 2 Eier • Salz
Pfeffer aus der Mühle • Geriebene Muskatnuss
1 TL abgeriebene Zitronenschale • Öl oder Butterschmalz zum Braten

1 Kartoffeln waschen und mit der Schale in ausreichend Wasser garen, abschrecken und abkühlen lassen. Kartoffeln gegebenenfalls schälen und fein reiben, durch die Presse drücken oder mit einer Gabel zerdrücken. Die Karotten schälen, waschen und auf der Rohkostreibe fein reiben. Zwiebel und Knoblauch abziehen und fein zerkleinern. Majoran oder Oregano waschen, trockentupfen und sehr fein hacken. Dabei die harten Stiele entfernen.

2 Alle diese zerkleinerten Zutaten mit den Eiern vermischen, bis der Teig gut bindet. Mit Salz, Pfeffer, Muskat und Zitronenschale kräftig würzen.

3 In einer großen Pfanne Fett erhitzen. Den Teig als flache, etwa handtellergroße Küchlein hineinsetzen und etwa 10 Minuten braten, bis sie sich leicht vom Pfannenboden lösen. Wenden und auf der zweiten Seite weitere 10 Minuten braten. Den Rest des Teiges ebenso backen.

Unser Tipp

Die Puffer entweder gleich aus der Pfanne servieren oder im Backofen bei 50 °C warm halten. Zum Braten nehmen Sie am besten eine beschichtete Pfanne. So sparen Sie Öl, und die Puffer werden trotzdem braun und knusprig. In der Edelstahlpfanne brauchen Sie etwa die doppelte Menge Öl.
Wie Kartoffelpuffer schmecken auch diese Karottenküchlein zu Apfelmus, Sauerkraut oder grünem Salat. Als kleine Vorspeise passen sie zu Räucherlachs oder geräucherten Forellenfilets mit Sahnemeerrettich. Außerdem sind sie eine gute Resteverwertung für Kartoffeln und gelingen mit fein zerkleinerten Salz- oder Pellkartoffeln vom Vortag.

Gebratene Karotten mit Mandeln

Für 4 Personen

600 g junge Bundkarotten • 4 EL Erdnussöl • 1/8 l Gemüsebrühe (Instant) Salz • Weißer Pfeffer aus der Mühle • 2 EL trockener Weißwein 1 EL Ahornsirup (→ Tipp) oder Honig • 50 g Mandelstifte 1 EL gehackte Petersilie

1 Die Karotten waschen oder schaben. Das Grün bis auf ein kleines Büschel abschneiden. 3 Esslöffel Öl in einer großen Pfanne erhitzen. Die Karotten darin bei starker bis mittlerer Hitze unter Rühren rundherum braun anbraten.

2 Die Gemüsebrühe, Salz, Pfeffer, Wein und Ahornsirup verrühren. Zugießen, alles einmal aufkochen, und die Karotten zugedeckt bei mittlerer Hitze in etwa 10 Minuten bissfest dünsten. Mit dem Sud auf einer Platte anrichten.

3 Die Mandelstifte im restlichen Öl goldgelb rösten. Mit Bratöl und Petersilie über die Karotten geben.

Unser Tipp

Mit Pellkartoffeln und grünem Salat sind die gebratenen Karotten ein vollwertiges fleischloses Mittagessen. Dazu schmeckt noch Tzatziki: Sahnequark mit griechischem Jogurt glatt rühren. Eine abgezogene Knoblauchzehe dazu pressen, reichlich geraspelte Salatgurke und zerkleinerten Dill untermischen. Mit Salz, Pfeffer und einer Prise Pfefferminzblättchen (eventuell aus dem Teebeutel!) – zwischen den Fingern fein zerrieben – abschmecken.
Ahornsirup ist das vermutlich bekannteste alternative Süßmittel. Für Amerikaner gehört »maple sirup« unbedingt zu »pancakes«, wir mögen ihn vor allem zu Frühstücksmüsli und Obstsalat. Dabei können Sie ihn genau wie Honig für süße und herzhafte Gerichte verwenden: Heller Sirup eignet sich für alle kalten und warmen Gerichte, dunkler mit kräftigem Karamellaroma am besten zum Kochen und Backen. Kaufen Sie Ahornsirup in kleinen Flaschen, denn einmal geöffnet, hält er sich auch im Kühlschrank nur begrenzt.

Karotten mit Kartoffeln

Für 4 Personen

700 g Karotten • 300 g mehlig oder vorwiegend fest kochende Kartoffeln
1 kleine Zwiebel • 1 EL Öl • 100 ml Gemüse- oder Hühnerbrühe (Instant)
Salz • Pfeffer aus der Mühle • Geriebene Muskatnuss
1 Bund glatte Petersilie • 50 g Butter • 2 EL Sahne

1 Karotten und Kartoffeln schälen, waschen und würfeln. Die Zwiebel abziehen und fein zerkleinern. Im heißen Öl glasig braten.

2 Karotten, Kartoffeln, Brühe, Salz, Pfeffer und Muskat zugeben, aufkochen und zugedeckt 10 bis 15 Minuten kochen, bis das Gemüse weich ist.

3 Inzwischen die Petersilie waschen, trockentupfen und fein zerkleinern. Butter und Sahne in einem Topf erhitzen, bis die Butter flüssig ist. Mit der Petersilie zum Karotten-Kartoffel-Gemüse geben und alles locker mischen.

Unser Tipp

Zusammen mit Bratwürsten, einer dicken Scheibe kaltem Schinken, heißem Kasseler, Frikadellen oder gekochter Rinderbrust ist das ein ganz einfaches Essen. Wenn Sie etwas Besonderes daraus machen wollen, servieren Sie es mit Lachsfilets, die Sie in Olivenöl mit frischem Thymian oder Rosmarin sanft braten und mit Zitronensaft und grobem schwarzen Pfeffer würzen. Im Bratöl noch ein paar Kapernfrüchte schwenken und auf den Karotten anrichten.
Die Kartoffelsorte gibt die Konsistenz: Mehlige Knollen machen das Gericht schön sämig, mit vorwiegend fest kochenden wird es eher »stückig« wie Gemüse. Schon Kleinkinder mögen dieses Gericht und erklären es – oft lebenslang – zum »Lieblingsessen«. In der deftigen, traditionellen Küche brät man vorab auch eine Zwiebel und ein paar Löffel Speckwürfel in Butterschmalz, gibt dann Karotten und Kartoffeln zu und gießt wie oben beschrieben mit der Brühe auf. Wenn Sie diese Variante zubereiten, lassen Sie die Butter zum Schluss weg und mischen die doppelte Menge Petersilie unter.

Glasierte Karotten

Für 4 Personen

750 g kleine Karotten • 50 g Butterschmalz • 70 g feiner Zucker
¼ l Hühnerbrühe (Instant) • 2 EL Zitronensaft • Salz
Weißer Pfeffer aus der Mühle • Geriebene Muskatnuss
1 EL gehackte Petersilie

1 Die Karotten schälen und quer halbieren. Das Butterschmalz in einem weiten, halbhohen Topf erhitzen. Karotten zugeben und bei schwacher Hitze unter Rühren einige Sekunden andünsten.

2 Mit dem Zucker bestreuen und bei mittlerer Hitze unter Rühren braten, bis sich der Zucker gelöst hat. Dabei nach und nach die Brühe zugießen.

3 Karotten mit Zitronensaft, Salz, einer kräftigen Prise Pfeffer und Muskat würzen und unter häufigem Wenden in etwa 5 Minuten bissfest dünsten. Dabei die Flüssigkeit einkochen lassen, damit die Karotten appetitlich braun und glänzend werden. Mit der Petersilie bestreut servieren.

Unser Tipp

Glasierte Karotten gehören zu den klassischen Beilagen zu Schweinebraten, gefüllter Kalbsbrust und Wildgerichten. Sie schmecken aber auch gut zu Kartoffelpuffern, Lammkoteletts oder Hackbällchen mit Salat und Brot.

Butterkarotten

Für 4 Personen

600 g Karotten • 1 Zwiebel • 50 g Butter • ⅛ l Gemüse- oder Hühnerbrühe (Instant) • Salz • Pfeffer aus der Mühle • 1 Prise Zucker 1 Msp. geriebene Muskatnuss • Etwas abgeriebene Zitronenschale 1 EL beliebige gehackte Kräuter

1 Die Karotten schälen und in etwa 5 Zentimeter lange Stücke schneiden. Die Zwiebel abziehen und fein zerkleinern.

2 Die Butter in einem Topf zerlassen, die Zwiebel darin bei schwacher Hitze glasig braten. Karotten zugeben und unter Rühren leicht anbraten. Brühe zugießen, aufkochen und die Karotten zugedeckt bei schwacher Hitze in 5 Minuten garen.

3 Mit Salz, grobem Pfeffer, Zucker, Muskat und Zitronenschale würzen und bei starker Hitze schmoren, bis die Flüssigkeit verdampft und die Karotten bissfest sind. Mit den Kräutern mischen und sofort servieren.

Unser Tipp

Butterkarotten passen zu Schweinekoteletts und Schnitzeln, Rinderbraten, Rouladen und Frikadellen. Als fleischloses Essen serviert man sie zu Kartoffelgemüse, als Eierkuchenfüllung und zu Gemüse- oder Kartoffelpuffern.

Frittierte Karotten

Für 4 Personen

150 g Mehl • Salz • Weißer Pfeffer aus der Mühle
Etwas abgeriebene Zitronenschale • ¼ l Milch • 2 Eier
4 kurze, dicke Karotten • 2 rote Zwiebeln • 4 Zweige Petersilie
Etwa 1 l Öl zum Frittieren

1 Für den Teig Mehl mit Salz, Pfeffer, Zitronenschale, Milch und Eiern verrühren. Zugedeckt ruhen lassen, bis die anderen Zutaten vorbereitet sind.

2 Die Karotten schälen und mit dem Sparschäler längs in dünne Streifen schneiden (→ Seite 12). Die Zwiebeln abziehen und in nicht zu dünne Ringe schneiden. Die Petersilienzweige waschen und trockentupfen, aber nicht zerkleinern.

3 Das Öl in der Fritteuse oder einem großen Topf erhitzen. Karottenstreifen, Zwiebelringe und Petersilie portionsweise im Teig wenden und jeweils in etwa 2 Minuten goldgelb ausbacken. Herausnehmen, auf Küchenpapier kurz abtropfen lassen und heiß servieren.

Unser Tipp

Die Karotten schmecken gut zu Salat und Weißbrot. Wenn Sie lieber kräftige Stücke statt zarter Streifen mögen, schneiden Sie die geschälten Karotten einmal quer und einmal längs durch. In reichlich Wasser 10 Minuten vorkochen, denn beim raschen Ausbacken bleiben sie zu hart. Aus dem Sud nehmen, gut abtropfen lassen, durch den Teig ziehen und frittieren.
Den Sud der Karotten dann nicht wegschütten; Sie können ihn für Suppe (Seite 34 bis 44) verwenden oder portionsweise einfrieren und zum Beispiel für die Cannelloni-Sauce (Seite 56) oder statt Gemüsebrühe für das Fenchel-Karotten-Curry (Seite 78) verwenden. Wenn Sie das Rezept für mehr Leute zubereiten wollen, arbeiten Sie am besten mit zwei Töpfen gleichzeitig. Sonst dauert das Ausbacken zu lange.

Karottenbrei mit Fleisch

Für 4–6 Portionen

400 g Karotten • 200 mehlig kochende Kartoffeln
1 mittelgroße Fenchelknolle • 200 g Rinderhack • 1 EL Olivenöl
oder Weizenkeimöl • 1 EL Butter • 1 EL Orangensaft

1 Karotten und Kartoffeln schälen und würfeln. Die Fenchelknolle halbieren, waschen und den Strunk herausschneiden. Die Hälften quer zu den Fasern in dünne Streifen schneiden. Das zarte Fenchelgrün waschen, trockentupfen und fein zerkleinern.

2 Karotten, Kartoffeln und Fenchelstreifen mit dem Fleisch in einem Topf mischen. 1/4 Liter Wasser zugießen, aufkochen und alles zugedeckt bei schwacher Hitze 15 Minuten garen.

3 Mit dem Stabmixer fein pürieren, dabei Fenchelblättchen, Öl, Butter und Orangensaft untermischen.

4 Eine Portion abnehmen, den Rest für den Vorrat einfrieren (→ Tipp).

Unser Tipp

Der Brei schmeckt Ihrem Baby ab dem 5. Lebensmonat und lässt sich auf Vorrat zubereiten: frisch kochen, portionsweise einfrieren und zum Essen erst auftauen, dann erwärmen.
Für vegetarischen Karottenbrei das Fleisch weglassen und den fertig gekochten und pürierten Brei mit 200 Gramm Sahne mischen. Noch einmal erhitzen, aber nicht mehr aufkochen.
Für Kinder ab dem 9. Monat können Sie unter den Brei noch frisch gekochten Reis oder fein zerdrückte Kartoffeln mischen. Und wenn Ihr Kind es mag: Sorgfältig gewaschene und verlesene, frisch gehackte Kräuterblättchen sind gute Quellen für Vitamine, Mineralstoffe und feines Aroma. Wichtig: Alle harten Kräuterstiele vollständig entfernen.

Karottensuppe mit Wurstklößchen

Für 4 Personen

400 g Karotten • 1 Knoblauchzehe • 1 EL Öl
1 l Fleisch- oder Gemüsebrühe (Instant oder selbst gekocht)
2 ungebrühte, grobe Bratwürstchen (etwa 300 g) • 2–3 EL gegarter Reis
Salz • Schwarzer Pfeffer aus der Mühle • 1 Prise Zucker
2 EL Schnittlauchröllchen

1 Die Karotten schälen und in dünne Stifte schneiden. Den Knoblauch schälen und fein hacken. Beide Zutaten im heißen Öl bei mittlerer Hitze anbraten, bis sie zart gebräunt sind.

2 Die Brühe zugießen und aufkochen. Die Bratwurstmasse in etwa haselnussgroßen Klößchen aus der Haut drücken und in die Brühe geben. Die Suppe 3 bis 5 Minuten garen, bis die Karotten gerade eben bissfest sind.

3 Den Reis in die Suppe rühren. Die Suppe mit Salz, Pfeffer und Zucker kräftig abschmecken. In gut vorgewärmte Teller füllen, mit dem Schnittlauch bestreuen und sofort servieren.

Unser Tipp

Wenn Sie junge Bundkarotten verwenden, schneiden Sie etwa eine Hand voll zarte Karottenblättchen ab und geben sie gewaschen und zerkleinert mit den Bratwurstklößchen in die Suppe. Beim Kochen gehen zwar ein paar Vitamine verloren, doch das Grün schmeckt kurz gegart besser als roh. Ein Tipp für geplagte Eltern: Manche Kinder bevorzugen es, zu sehen, was genau sie essen – diese Kinder schätzen »stückige« Suppen wie diese. Viele Kinder mögen lieber glatte, pürierte Cremesuppen, in denen keine »Teile schwimmen«. In diesem Fall die Suppe ohne Klößchen garen, pürieren und abschmecken. Bratwurstklößchen separat in etwas Gemüsebrühe garen und ebenso wie den gegarten Reis und die Schnittlauchröllchen in Extra-Schüsselchen zu der Suppe servieren. So können sich die Kinder selbst bedienen.

Cannelloni mit Karotten

Für 6 Personen

**800 g Karotten • 1 große Zwiebel • 3 Knoblauchzehen
100 g gekochter Schinken in dünnen Scheiben • 1 EL Öl
1 kleine Dose Pizzatomaten (400 g) • 200 g Rinderhack • Salz
Pfeffer aus der Mühle • 1 TL getrockneter Oregano • 125 g Mozzarella
100 g Parmesan • ½ l fettarme Milch (1,5 %)
¼ l Gemüsebrühe (Instant) • 50 g Sahne • 60 g Mehl
Geriebene Muskatnuss • 1 Packung Cannelloni (250 g) • Fett für die Form**

1 Karotten schälen und in kleine Würfel schneiden. Die Zwiebel abziehen und fein zerkleinern. Den Knoblauch ebenfalls abziehen und zerdrücken. Den Schinken in feine Streifen schneiden.

2 Das Öl in einer Pfanne erhitzen. Zwiebel und Schinken darin glasig braten. Karotten, Knoblauch, die Hälfte der Tomaten und das Rinderhack zugeben und bei starker bis mittlerer Hitze unter Rühren schmoren, bis die Flüssigkeit fast eingekocht ist. Mit Salz, Pfeffer und Oregano würzen. Abkühlen lassen, bis die Masse nur noch lauwarm ist.

3 Den Backofen auf 180 °C (Umluft 160 °C, Gas Stufe 3) vorheizen. Den Mozzarella in kleine Stücke schneiden, den Parmesan fein reiben. Für die Sauce Milch mit Brühe, Sahne und Mehl in eine Schüssel geben. Mit den Quirlen des Handrührgerätes kräftig verrühren. Parmesan, Salz und Muskat untermischen.

4 Die Karottenmischung mit einem Teelöffel in die Cannelloni füllen. Cannelloni dicht nebeneinander in eine gut gefettete Gratinform legen.

5 Die restlichen Pizzatomaten um die Cannelloni verteilen. Die Sauce über die Nudelrollen gießen, Mozzarella auf Cannelloni und Tomaten verteilen. Die Cannelloni in den heißen Backofen (mittlere Schiene) schieben und etwa 30 Minuten backen, bis die Oberfläche gebräunt ist.

Karottenauflauf mit Schinken

Für 4 Personen

**500 g Karotten • 2 dünne Stangen Porree • 2 Stangen Sellerie
300 ml Gemüsebrühe • 100 g gekochter Schinken in dünnen Scheiben
1 Zwiebel • 3 EL Öl • 1 EL Mehl • Salz • Pfeffer aus der Mühle
1 EL getrockneter Oregano • 100 g Raclette-Käse in Scheiben**

1 Die Karotten schälen. Porree und Sellerie putzen und waschen. Alle Gemüse in dünne Scheiben schneiden, dabei das saftige Porreegrün mitverwenden.

2 Die Brühe aufkochen und die Gemüsescheiben darin portionsweise bei starker Hitze jeweils etwa 2 Minuten sprudelnd kochen lassen. Jeweils mit einem Schaumlöffel herausnehmen und in eine halbhohe, ofenfeste Form geben. Die Brühe für die Sauce beiseite stellen.

3 Den Backofen auf 200 °C (Umluft 180 °C, Gas Stufe 4) vorheizen. Den Schinken in Streifen schneiden. Die Zwiebel abziehen, fein würfeln und in 1 Esslöffel heißem Öl glasig dünsten. Schinken zugeben, mit dem Mehl bestreuen und kurz anbraten. Die Brühe zugießen und rühren, bis die Sauce glatt ist. Mit Salz, Pfeffer und Oregano kräftig würzen.

4 Die Sauce etwas abkühlen lassen und über das Gemüse gießen. Die Raclette-Scheiben darauf legen. Den Auflauf in den heißen Ofen (untere Schiene) stellen und etwa 25 Minuten backen, bis er schön gebräunt ist.

Unser Tipp

Das Gemüse schmeckt besser, wenn Sie es vorab in der Brühe sprudelnd kochen lassen. Sonst bleibt es beim Backen zu hart.
Schneller geht es so: Das Gemüse mit Zwiebel und Schinken in etwas Butter und Brühe halb weich dünsten, in die Form geben und mit einem Päckchen/Beutel Kräutersauce oder heller Sauce übergießen. Wie im Rezept mit dem Käse belegen und backen.

Karottengratin mit Nudeln

Für 4 Personen

250 g Mozzarella • 500 g Karotten • 1 Zwiebel • 2 EL Olivenöl
250 g breite Nudeln • Salz • 2 EL gehackte Petersilie
2 EL geriebener Parmesan • Pfeffer aus der Mühle

1 Den Backofen auf 250 °C (Umluft 220 °C, Gas Stufe 6) vorheizen. Den Mozzarella abtropfen lassen und in kleine Stücke schneiden.

2 Die Karotten schälen und in dünne Scheiben schneiden. Die Zwiebel abziehen, fein würfeln und im heißen Öl bei schwacher Hitze glasig braten. Karotten zugeben und bei mittlerer Hitze unter Wenden kräftig anbraten.

3 Die Nudeln nach Packungsaufschrift in reichlich Salzwasser garen (→ Tipp). Abgießen und abgetropft mit Karotten, Petersilie und Parmesan mischen, mit Salz und Pfeffer würzen.

4 Die Mischung in eine gefettete Gratinform geben, mit dem Mozzarella belegen und in den heißen Backofen (mittlere Schiene) schieben. Etwa 20 Minuten backen, bis die Oberfläche schön gebräunt ist.

Unser Tipp

Die Karotten werden am besten nur angebraten, nicht weich geschmort. Und die auf der Packung angegebene Garzeit der Nudeln sollten Sie um 3 Minuten kürzen. So bleiben beide Zutaten beim Backen bissfest.
Beim Käse für Gratin und Auflauf können Sie wählen: Weiche Sorten mit relativ viel Fett schmelzen gut. Deshalb nimmt man gewürfelten Mozzarella, Vacherin und jungen Gouda so gerne für Gratins. Halbfesten oder festen Käse wie Comté, Raclette, Emmentaler und Greyerzer können Sie raspeln oder reiben, mit der Auflaufmasse mischen oder ebenfalls zum Überbacken nehmen. Fetter Edelpilzkäse mit mindestens 50 Prozent wie Gorgonzola, Roquefort, Danablu sowie Bavariablu oder Cambozola ohne Rinde gibt Kruste und Aroma.

Herzhafte Karottentörtchen

Für 4–8 Personen

Für den Teig: 125 g Magerquark • ½ TL Salz • 8 EL Milch • 6 EL Öl
300 g Mehl • 1 Päckchen Backpulver
Für den Belag: 300 g Karotten • 3 Lauchzwiebeln • 1 große Tomate
75 g Greyerzer • 200 g körniger Frischkäse • 1 EL Milch • 2 Eier
½ Päckchen TK-Kräuter (provenzalische Mischung)
Salz • Pfeffer aus der Mühle

1 Quark, Salz, Milch und Öl verrühren. Mehl und Backpulver mischen, zufügen und alles mit den Händen zu einem glatten Teig kneten.

2 Den Backofen auf 200 °C (Umluft 180 °C, Gas Stufe 3) vorheizen. Acht kleine, runde Obstkuchenförmchen sehr gut fetten. Den Teig in acht Portionen teilen, jeweils in die Förmchen drücken und dabei einen etwa fingerbreiten Rand formen.

3 Die Karotten schälen und grob raspeln. Die Lauchzwiebeln putzen, waschen und der Länge nach halbieren. Mit den zarten grünen Blättern quer in feine Streifen schneiden. Die Tomate abziehen und würfeln, dabei den Stielansatz entfernen.

4 Frischkäse mit der Milch glatt rühren. Greyerzer reiben und mit Eiern und Kräutern untermischen. Mit Salz und Pfeffer kräftig würzen und mit dem vorbereiteten Gemüse mischen. Die Füllung auf die Teigböden verteilen. Die Törtchen auf dem Rost in den heißen Backofen (mittlere Schiene) stellen und etwa 30 Minuten backen, bis sie oben schön gebräunt sind.

Unser Tipp

Mit einem bunten Salat sind die Törtchen ein feines vegetarisches Hauptgericht für vier Personen. Als Vorspeise ohne Beilage reichen sie für acht Leute.

Gebackene Karotten mit Kartoffeln

Für 4 Personen

4 Zweige Rosmarin • 1 kg junge Bundkarotten • 1 kg kleine neue Kartoffeln
Salz • Schwarzer Pfeffer aus der Mühle • 3 EL Zitronensaft
1 Prise Zucker • 6 EL Olivenöl

1 Den Backofen auf 220 °C (Umluft 200 °C, Gas Stufe 3–4) vorheizen. Die Kräuterzweige waschen, trockentupfen und in die Fettpfanne des Backofens geben. Karotten und Kartoffeln gründlich waschen. Ungeschält dicht an dicht in die Fettpfanne legen.

2 Karotten und Kartoffeln mit Salz und Pfeffer würzen. Zitronensaft mit 3 Esslöffel Wasser, Zucker und Öl verrühren und darüber träufeln. Die Fettpfanne in den heißen Backofen (mittlere Schiene) schieben und das Gemüse in etwa 25 Minuten weich backen.

Unser Tipp

Die Rosmarinzweige sollten von Karotten und/oder Kartoffeln bedeckt sein, damit sie beim Backen nicht verbrennen und zudem ihr Aroma abgeben. Wenn die Flüssigkeit im heißen Ofen zu schnell verdampft, noch etwas Wasser nachgießen.
Als Beilage zu diesem kleinen Frühsommeressen passt Schinken oder kurzgebratenes Fleisch – oder einfach saure Sahne mit Kräutern gemischt, wie man sie zu Ofenkartoffeln serviert.

Gefüllte Pizzataschen

Für 6 Personen

300 g Karotten • 3 mittelgroße Kartoffeln • 300 g Brokkoli • 2 Zwiebeln
2 Knoblauchzehen • 100 g Schinkenspeck in dünnen Scheiben
1 Bund Majoran • 6 EL Olivenöl • Salz • Pfeffer aus der Mühle
250 g Mozzarella • 50 g Parmesan • 1 Paket Pizzateig à 2 Beutel (460 g)
Mehl für die Arbeitsfläche • Fett für das Blech
100 g schwarze Oliven ohne Stein

1 Karotten und Kartoffeln schälen, waschen und auf dem Gemüsehobel in dünne Stifte hobeln. Den Brokkoli waschen, putzen und in kleine Röschen teilen. Zwiebeln und Knoblauch abziehen und fein zerkleinern. Speck von der Schwarte befreien und in feine Streifen schneiden. Den Majoran waschen, trockentupfen, die Blättchen abzupfen.

2 In einer großen Pfanne 3 Esslöffel Olivenöl erhitzen. Zwiebeln, Knoblauch und Schinkenspeck darin glasig dünsten. Karotten, Kartoffeln, Brokkoli und Majoran zufügen, bei starker Hitze anbraten und 5 Minuten garen, bis das Gemüse halb weich ist. Mit Salz und Pfeffer würzen.

3 Den Backofen auf 200 °C (Umluft 180 °C, Gas Stufe 3) vorheizen. Mozzarella klein schneiden, Parmesan reiben. Beide Beutel Pizzamischung nach Packungsaufschrift mit Wasser verkneten. Teig in sechs Portionen teilen, diese jeweils zu Kugeln formen und auf der bemehlten Arbeitsfläche zu Scheiben von je etwa 15 Zentimeter Durchmesser ausrollen.

4 Jede Teigscheibe mit Parmesan bestreuen. Die abgekühlte Gemüsefüllung auf jeweils eine Hälfte jeder Teigplatte geben, dabei den Teigrand frei lassen. Mozzarella und Oliven auf der Füllung verteilen. Die Scheiben zusammenklappen und die Ränder gut festdrücken.

5 Die Teigtaschen auf ein gefettetes Backblech legen und mit dem restlichen Olivenöl bestreichen. Im heißen Ofen 30 Minuten backen.

Überbackene Kartoffeln mit Karotten

Für 4 Personen

4 mittelgroße Kartoffeln • 300 g Karotten • 1 EL Butter • 2 EL Schmand
½ Päckchen TK-Salatkräuter • Salz • 1 Prise Zucker
Pfeffer aus der Mühle • 2 Tomaten • 4 Scheiben gekochter Schinken
8 beliebige Käse-Scheibletten

1 Die Kartoffeln waschen und ungeschält mit wenig Wasser gerade eben weich kochen. Abgießen, etwas abkühlen lassen und quer halbieren.

2 Während die Kartoffeln garen, die Karotten schälen und grob raspeln. In der heißen Butter bei schwacher Hitze gerade eben bissfest garen. Mit Schmand und Kräutern mischen, mit Salz, Zucker und wenig Pfeffer würzen.

3 Den Backofen auf 220 °C (Umluft 200 °C, Gas Stufe 4) vorheizen. Die Tomaten überbrühen, abziehen und in Scheiben schneiden. Die Schinkenscheiben halbieren.

4 Die Kartoffelhälften nebeneinander in eine ofenfeste Form setzen. Die Karotten auf den Kartoffeln verteilen. Mit Tomaten und Schinken belegen. Mit den Scheibletten abdecken. In den heißen Ofen (untere Schiene) schieben und etwa 20 Minuten backen, bis der Käse geschmolzen und gebräunt ist.

Unser Tipp

Essen Sie Kartoffeln möglichst oft mit Schale: So liefern sie viel mehr Kalium fürs Herz und Magnesium für die Nerven, die Vitamine C und Folsäure als Immunschutz sowie die »Frauen-Vitamine« Niacin und Pyridoxin, die hormonelle Schwankungen ausgleichen und für gesunde Blutgefäße sorgen. Damit die Knollen buchstäblich rundum gesund sind, nehmen Sie Kartoffeln aus ökologischem Anbau – egal, ob vom Naturkosthändler oder aus dem Supermarkt. Denn nach den Richtlinien der Bio-Verbände und der EU dürfen Öko-Kartoffeln nicht mit Keimhemmungsmitteln auf der Schale behandelt werden.

Karottenomelett vom Blech

Für 6 Personen

700 g Karotten • 400 g mehlig kochende Kartoffeln • 1 Bund Lauchzwiebeln
1 Bund Petersilie • Fett für das Blech • 150 g Räucherspeck
400 g TK-Zuckermais • Salz • Pfeffer aus der Mühle
1 TL getrockneter Oregano • 4 Eier • ¼ l Milch
50 g Käse (z.B. Emmentaler, Greyerzer, Bergkäse) • Geriebene Muskatnuss
Eventuell Cayennepfeffer

1 Die Karotten und die Kartoffeln schälen, waschen, gut abtrocknen und auf dem Gemüsehobel in dünne Stifte hobeln. Die Lauchzwiebeln putzen, waschen und mit den zarten grünen Blättern in feine Röllchen schneiden. Die Petersilie waschen, trockentupfen und sehr fein hacken.

2 Den Backofen auf 200 °C (Umluft 180 °C, Gas Stufe 3) vorheizen. Ein beschichtetes Backblech fetten. Den Speck in kleine Würfel schneiden, dabei Schwarte und Knorpel entfernen. In einer großen Pfanne im heißen Öl bei schwacher Hitze braten, bis das Fett ausgetreten ist und die Speckwürfel glasig sind.

3 Karotten und Kartoffeln zugeben und bei mittlerer Hitze etwa 5 Minuten braten, dabei immer wieder wenden. Lauchzwiebeln und Mais zugeben und kurz mitbraten. Die Petersilie untermischen. Alles mit Salz, Pfeffer und Oregano würzen und in eine große Schüssel füllen.

4 Die Eier mit der Milch verquirlen, den Käse reiben und untermischen. Mit einer kräftigen Prise Muskat und nach Wunsch auch Cayennepfeffer würzen. Zu der Gemüsemischung gießen und alles vorsichtig vermengen.

5 Die Mischung auf dem gefetteten Backblech verteilen. Das Blech in den heißen Backofen (mittlere Schiene) schieben und das Omelett 30 bis 35 Minuten backen, bis die Eier gestockt und leicht gebräunt sind. Das Omelett in Portionsstücke schneiden und möglichst heiß sofort servieren.

Gefüllte Pfannkuchen

Für 4 Personen

**250 g Mehl • Salz • ½ l Mineralwasser • 3 Eier • 2 mittelgroße Karotten
1 Zwiebel • 1 EL Öl • 200 g gemischtes Hackfleisch
½ TL getrockneter Thymian • 100 g Schmand • 1–2 TL Zitronensaft
1 Prise Zucker • Pfeffer aus der Mühle • Öl zum Backen • 3 Tomaten
125 g Mozzarella**

1 Das Mehl mit Salz und Mineralwasser verrühren, die Eier untermischen. Den Teig 30 Minuten ruhen lassen.

2 Inzwischen die Karotten schälen und raspeln. Die Zwiebel abziehen, fein würfeln und im heißen Öl glasig braten. Karotten, Hackfleisch und Thymian zugeben und bei starker Hitze unter Rühren krümelig braten. Mit Schmand verrühren, mit Zitronensaft, Zucker, Salz und Pfeffer kräftig abschmecken.

3 Den Backofen auf 200 °C (Umluft 180 °C, Gas Stufe 3) vorheizen. Aus dem Teig in einer großen Pfanne mit heißem Öl dünne Pfannkuchen backen. Pfannkuchen jeweils mit Fleischsauce bestreichen, aufrollen und nebeneinander in eine flache Gratinform legen.

4 Die Tomaten überbrühen, abziehen und in kleine Würfel schneiden, dabei von den Stielansätzen befreien. Mit dem restlichen Schmand mischen, mit Salz und Pfeffer würzen und auf die Pfannkuchen geben. Mozzarella in kleine Stücke schneiden und darauf verteilen. Die Pfannkuchen in den heißen Ofen (mittlere Schiene) schieben und 15 bis 20 Minuten backen.

Unser Tipp

Dazu schmeckt Feldsalat oder Rohkost aus Sellerie und Apfel mit Zitronensaft. Wer lieber vegetarisch isst, lässt das Hack ganz weg und gibt noch zwei Karotten mehr in die Füllung. Dann kräftig mit Zitronensaft würzen und noch ein Päckchen tiefgekühlte Provence-Kräuter untermischen.

Nudelschmetterlinge mit Konfetti-Gemüse

Für 4 Personen

300 g Karotten • 1 mittelgroße Zucchini • 1 rote Paprikaschote
1 große Tomate • 1 l Gemüsebrühe (Instant) • 2 EL Olivenöl • 1 EL Butter
100 g Maiskörner (Dose oder TK) • 200 g Crème fraîche
250 g Farfalle oder andere geformte Nudeln • Salz • Pfeffer aus der Mühle
Eventuell 1 EL Schnittlauchröllchen

1 Die Karotten schälen, Zucchini und Paprikaschote waschen und putzen. Alle drei Gemüse in etwa fingernagelgroße Würfel schneiden. Die Tomate überbrühen, abziehen, in Stücke schneiden und den Stielansatz entfernen.

2 Die Brühe in einem großen Topf aufkochen. Karotten, Zucchini und Paprikaschote zugeben, erneut aufkochen und zugedeckt bei schwacher Hitze in etwa 5 Minuten weich garen. Abgießen und die Brühe auffangen.

3 Öl und Butter erhitzen. Maiskörner und Tomatenstücke darin heiß werden lassen. Gemüse, Crème fraîche und eventuell noch Gemüsebrühe untermischen.

4 Die Nudeln nach Packungsaufschrift kochen, abgießen, abtropfen lassen und mit dem Gemüse mischen. Mit Salz und Pfeffer abschmecken und auf heißen Tellern anrichten. Nach Wunsch mit Schnittlauchröllchen bestreuen.

Unser Tipp

Tomaten liefern reichlich Karotinoide, die das Immunsystem stärken und die Zellen schützen. Auch in gegarten Tomaten, egal ob aus der Dose, als Sauce, Suppe oder Pizzabelag, stecken diese Wirkstoffe, die Experten für den täglichen gesunden Genuss empfehlen. Rohe Tomaten aus Freilandanbau enthalten besonders viel Vitamin C. Auch Mais enthält größere Mengen an Karotin; daneben weist er B-Vitamine und etwas Vitamin C auf. In unser Nudelgericht bringt er also neben der Farbe auch wertvolle Nährstoffe ein.

Karotten-Mischmasch

Für 4–6 Personen

500 g Weizenmehl (Type 1050) • Salz • 4 Eier • 400 g Karotten
300 g mehlig kochende Kartoffeln • 1 großer Bund Petersilie • 1 Zwiebel
2 EL Olivenöl • 1/4 l Gemüsebrühe (Instant) • 1/4 l Milch
Pfeffer aus der Mühle • Geriebene Muskatnuss

1 Für die Spätzle das Mehl mit einer kräftigen Prise Salz, Eiern und 2 bis 4 Esslöffel kaltem Wasser zu einem geschmeidigen Teig verrühren, der gerade eben nicht mehr flüssig ist. Zugedeckt 30 Minuten ruhen lassen.

2 Inzwischen Karotten und Kartoffeln schälen, waschen und würfeln. Die Petersilie waschen, trockentupfen und fein zerkleinern. Die Zwiebel abziehen, fein zerkleinern und im heißen Öl glasig braten.

3 Karotten, Kartoffeln und die Hälfte der Petersilie zugeben und kurz anbraten. Die Brühe zugießen und aufkochen. Das Gemüse zugedeckt gerade eben weich kochen. Die Milch unterrühren und erhitzen, aber nicht aufkochen. Das Gemüse mit Salz, Pfeffer und Muskat kräftig würzen.

4 Während die Karotten garen, den Backofen auf 50 °C schalten. In einem großen Topf reichlich Wasser mit Salz zum Kochen bringen. Den Spätzleteig portionsweise mit einem Spätzlesieb oder -hobel ins sprudelnd kochende Wasser drücken. Spätzle an die Oberfläche steigen lassen und noch etwa 1 Minute garen.

5 Die Spätzle jeweils mit einem Schaumlöffel herausnehmen und mit Karotten und Kartoffeln in eine vorgewärmte Schüssel schichten. Dabei über jede Lage etwas Petersilie und eventuell auch groben Pfeffer streuen.

6 Karotten-Mischmasch im Backofen zugedeckt warm halten, bis der gesamte Spätzleteig gegart ist. Zum Schluss nach Wunsch etwas durchmischen. Mit dem Rest der Petersilie bestreuen.

Karotten mit Käse

Für 4 Personen

1 kg junge Bundkarotten • 1 l Gemüsebrühe (Instant) • Salz
1 Prise Zucker • 150 g Käse (→ Tipp) • 50 g Butter
Weißer Pfeffer aus der Mühle • 2 EL Schnittlauchröllchen

1 Die Karotten waschen oder schaben. Das Grün bis auf ein kleines Büschel abschneiden. Die Brühe aufkochen, die Karotten mit Salz und Zucker zugeben, erneut aufkochen und zugedeckt bei mittlerer Hitze in etwa 10 Minuten bissfest garen.

2 Inzwischen den Käse fein oder grob reiben. Die Butter bei schwacher Hitze zerlassen und nach Wunsch auch leicht bräunen.

3 Die Karotten mit einem Schaumlöffel aus dem Sud nehmen und auf einer gut vorgewärmten Servierplatte anrichten. Den Käse darüber streuen, mit der heißen Butter beträufeln und mit grobem oder feinem Pfeffer aus der Mühle würzen. Den Schnittlauch darüber streuen und das Gericht sofort servieren.

Unser Tipp

Zu dem leichten Essen passen Pellkartoffeln und grüner Salat. In dieser Kombination bekommen Sie genauso hochwertiges Eiweiß wie bei einer Mahlzeit mit Fleisch.
Der Käse sollte würzig und nicht zu »jung« sein – das erkennen Sie daran, dass er sich ohne zu schmieren oder zu bröckeln gut reiben lässt. Am besten schmecken Greyerzer, Schweizer Emmentaler, Parmesan und Pecorino. Übrigens enthalten diese Käsesorten so reichlich Kalzium wie die Milchprodukte Quark, saure Sahne und Jogurt. Deshalb isst man sie möglichst jeden Tag, denn sie spielen bei der Stärkung der Knochen und bei der Vorbeugung von Osteoporose die wichtigste Rolle. Besonders Frauen über 50 sind durch Osteoporose gefährdet. Doch zur Vorbeugung reichen übrigens 30 Gramm Hartkäse pro Tag!

Karotten mit Ravioli

Für 4 Personen

200 g Kirschtomaten • 6 Lauchzwiebeln • 300 g Karotten • Salz
200 g Ravioli (fertig gekauft) • 1 EL Butter • 2 EL Olivenöl
200 g Crème fraîche • 1 TL Zitronensaft • Weißer Pfeffer aus der Mühle
1 Prise Zucker • 1 EL beliebige gehackte Kräuter

1 Die Kirschtomaten waschen und halbieren. Die Lauchzwiebeln putzen, waschen und mit den zarten grünen Blättern in dicke Ringe schneiden.

2 Die Karotten schälen und mit dem Sparschäler längs in dünne Scheiben schneiden. In sprudelnd kochendes Salzwasser geben und einmal kräftig aufkochen. Mit einem Schaumlöffel herausnehmen und in eine Schüssel geben.

3 Das Wasser erneut aufkochen und die Ravioli darin nach Packungsaufschrift bissfest garen.

4 Inzwischen Butter und Öl in einer großen Pfanne erhitzen. Karotten und Zwiebelstücke darin bei mittlerer Hitze unter Rühren schmoren, bis die Zwiebeln glasig sind.

5 Kirschtomaten und Crème fraîche unterrühren und bei starker Hitze rasch aufkochen. Mit Zitronensaft, Salz, Pfeffer und Zucker abschmecken.

6 Die Ravioli abgießen, abtropfen lassen und unter das Gemüse mischen. Auf vorgewärmten Portionstellern anrichten und mit den Kräutern bestreuen.

Unser Tipp

Im Rezept werden getrocknete Ravioli verwendet, die Sie in jedem Supermarkt bei den Teigwaren finden. Wenn Sie frische Ravioli aus der Kühltheke wählen, brauchen Sie 400 bis 500 Gramm. Die Garzeit ist viel kürzer – richten Sie sich auch hier nach den Angaben auf der Packung.

Karotten mit Butterwaffeln

Für 4 Personen

**1 kg Bundkarotten • 2 EL Olivenöl • 1/8 l Gemüsebrühe (Instant)
4 EL Orangensaft • Salz • 1/4 TL Paprikaflocken • 1 Prise Zucker
Geriebene Muskatnuss • 50 g Emmentaler • 100 g weiche Butter
3 Eier • 200 ml Milch • 250 g Weizenmehl (Type 550)
1 TL abgeriebene Zitronenschale • Öl zum Backen
1 EL Schnittlauchröllchen**

1 Die Karotten waschen oder schaben. Das Grün bis auf ein kleines Büschel abschneiden.

2 Das Öl in einem weiten Topf nicht zu stark erhitzen. Die Brühe und den Orangensaft, Salz, Paprikaflocken, Zucker und Muskat zugeben und unter Rühren einmal aufkochen.

3 Die Karotten zugeben, erneut sprudelnd aufkochen und zugedeckt bei mittlerer Hitze in etwa 7 Minuten bissfest garen. Dabei immer wieder mit der Brühe beschöpfen.

4 Karotten auf einer tiefen Platte anrichten. Mit dem Sud übergießen und zugedeckt ziehen lassen, aber nicht warm halten. Den Käse reiben.

5 Für die Waffeln die Butter schaumig rühren. Eier, Milch, Mehl, Zitronenschale, Salz und Käse zugeben und alles zu einem cremigen Teig verrühren.

6 Die Backflächen des Waffeleisens fetten. Pro Waffel etwa 1 1/2 Esslöffel Teig 3 bis 4 Minuten backen. Die Karotten mit dem Schnittlauch bestreuen und zu den Waffeln servieren.

Unser Tipp

Dazu passt bunter Salat, eventuell auch pro Person eine Scheibe Schinken.

Karotten-Kartoffel-Gnocchi

Für 4 Personen

500 g Karotten • 500 g mehlig kochende Kartoffeln
100 ml Gemüsebrühe (Instant) • 1 TL Zitronensaft • 1 Prise Zucker
Salz • 1 gehäufter TL Speisestärke • 1/8 l Milch • Pfeffer aus der Mühle
Geriebene Muskatnuss • 1 kleine Zwiebel • 70 g Butter
50 g Semmelbrösel • 2 EL Schnittlauchröllchen

1 Karotten und Kartoffeln schälen, waschen und würfeln. Mit Brühe, Zitronensaft, Zucker und Salz aufkochen und zugedeckt bei schwacher Hitze sehr weich garen.

2 Die Speisestärke mit der Milch glatt rühren. Pfeffer und Muskat untermischen. Karotten und Kartoffeln mit dem Kartoffelstampfer sehr fein zerdrücken, dabei die Milch unterrühren. Das Püree zugedeckt bei schwächster Hitze etwa 15 Minuten ziehen lassen, damit es stichfest wird.

3 Inzwischen die Zwiebel schälen und in kleine Würfel schneiden. Die Butter in einer Pfanne zerlassen und leicht aufschäumen. Die Zwiebel darin bei schwacher Hitze glasig braten.

4 Die Semmelbrösel zugeben und bei schwacher bis mittlerer Hitze leicht bräunen. Das Püree mit einem Esslöffel zu Nocken abstechen und in eine gut vorgewärmte Schüssel geben. Den Löffel vor jedem Nocken in die Bröselbutter tauchen. Restliche Bröselbutter über den Nocken verteilen. Den Schnittlauch darüber streuen.

Unser Tipp

Kinder mögen zu den Nocken Zwetschgenkompott, Apfelmus oder auch bunten Salat. Die Gnocchi passen auch gut zu Schmorgerichten, die Sie sonst mit Kartoffeln, Nudeln oder Reis servieren. Besonders herzhaft schmecken sie mit Käse bestreut und im Backofen kurz gratiniert.

Pellkartoffeln mit Karottenquark

Für 4 Personen

2 kg kleine neue Kartoffeln • 5 junge Bundkarotten • 1 Tomate
1 Bund Schnittlauch • 500 g Magerquark • 100 g Schmand
1 TL natives Olivenöl extra (→ Tipp) • Salz • Weißer Pfeffer aus der Mühle
1 Prise Zucker

1 Die Kartoffeln gründlich waschen und mit der Schale in wenig Wasser zugedeckt weich garen.

2 Inzwischen die Karotten waschen oder schaben. Die Tomate waschen und abtrocknen. Beide Zutaten fein würfeln. Den Schnittlauch waschen, trockentupfen und in sehr feine Röllchen schneiden.

3 Quark mit Schmand verrühren, mit Karotten, Tomaten, der halben Menge Schnittlauch und dem Öl mischen. Mit Salz, grob gemahlenem Pfeffer und Zucker abschmecken.

4 Die Kartoffeln abgießen, kurz abschrecken, abziehen und mit dem restlichen Schnittlauch mischen. Heiß zum Karottenquark servieren.

Unser Tipp

Wer den Karottenquark cremiger mag und keine Kalorien zählen muss, nimmt Quark mit 20 Prozent Fett. Und wer noch mehr Gemüse darin möchte, mischt eine kleine, fein gehackte Fenchelknolle mit den zarten Blättchen darunter. Als »natives Olivenöl extra« bezeichnet man die erste Güteklasse – direkt aus den Oliven gepresst und nicht mit chemischen Hilfsstoffen extrahiert. Der Anteil der gesunden Fettsäuren ist in dieser ersten Pressung besonders hoch – deshalb gilt solches Öl als wirksamer Schutz vor Herz- und Kreislaufbeschwerden. Sehr hochpreisige Öle kommen wie guter Wein sogar aus einem bestimmten Ort. Die Herkunft ist auf der Flasche eigens vermerkt.

Türkische Nudelpfanne mit Gemüse

Für 4 Personen

300 g junge Bundkarotten • 300 g grüne Buschbohnen • 3 EL Zitronensaft
4 EL Olivenöl • 250 g türkische Reisnudeln (→ Tipp) • Salz
Je 1 kleine rote und gelbe Paprikaschote • 1 mittelgroße Zwiebel
1 Knoblauchzehe • 1 EL gehackter Dill
1 TL Harissa (Chilipaste; → Tipp Seite 26)

1 Die Karotten waschen oder schaben, die Bohnen waschen und putzen. Beide Gemüse in etwa 2 Zentimeter breite Stücke schneiden. 1 Liter Wasser mit dem Zitronensaft zum Kochen bringen. Karotten und Bohnen darin etwa 10 Minuten kräftig kochen lassen, bis sie fast weich sind. Das Gemüse abgießen und kalt abschrecken. Den Sud auffangen und ½ Liter davon abmessen.

2 In einem Topf 1 Esslöffel Öl erhitzen. Die Reisnudeln darin bei mittlerer Hitze unter Rühren kurz anbraten. Den abgemessenen Sud und Salz zugeben, die Nudeln aufkochen und zugedeckt bei schwacher Hitze in 10 bis 15 Minuten so körnig weich wie Reis kochen.

3 Inzwischen die Paprikaschoten waschen, putzen und in kleine Würfel schneiden. Zwiebel und Knoblauch abziehen, fein zerkleinern und im restlichen Öl bei mittlerer bis schwacher Hitze weich und goldbraun braten.

4 Karotten, Bohnen und Paprikaschoten zugeben und bei mittlerer Hitze leicht braun anbraten. 2 bis 3 Esslöffel Karottensud zugeben und das Gemüse zugedeckt etwa 3 Minuten schmoren. Mit Salz abschmecken. Reisnudeln, Dill und Harissa zugeben und alles mit einer Gabel mischen.

Unser Tipp

Türkische Reisnudeln (Sariyi) sehen aus wie lange, schlanke Reiskörner, werden jedoch aus Nudelteig hergestellt und genau wie Nudeln getrocknet. Zu kaufen gibt es sie in türkischen und griechischen Läden.

Fenchel-Karotten-Curry

Für 4 Personen

500 g Karotten • 2 mittelgroße Fenchelknollen • 2 mehlig kochende Kartoffeln • 1 rote Zwiebel • 2 Knoblauchzehen • 1 Stück frischer Ingwer (etwa 5 cm lang) • 2 EL Erdnussöl • 1 EL gemahlene Gelbwurz (Kurkuma) ½ EL gemahlener Kreuzkümmel • 1 TL gemahlener Koriander ½ TL Safranfäden • 1 TL Chiliflocken • 200 g Vollmilchjogurt 100 ml Gemüsebrühe (Instant) • 1 TL Speisestärke • Salz 1–2 TL Zitronensaft • 1 Prise Zucker • 1 EL gehackte Petersilie

1 Die Karotten schälen und in dünne Stifte schneiden. Die Fenchelknollen halbieren, waschen und den Strunk herausschneiden. Die Hälften quer zu den Fasern in dünne Streifen schneiden. Das zarte Fenchelgrün waschen, trockentupfen und fein zerkleinern. Die Kartoffeln schälen, waschen und in ganz kleine Würfel schneiden.

2 Zwiebel und Knoblauch abziehen. Zwiebel in schmale Spalten, Knoblauch in Scheiben schneiden. Den Ingwer schälen und reiben.

3 Das Öl in einer großen Pfanne oder dem Wok erhitzen. Ingwer, Kartoffeln, Zwiebel und Knoblauch darin bei schwacher Hitze unter Rühren etwa 5 Minuten sanft anbraten.

4 Gelbwurz, Kreuzkümmel, Koriander, Safran und Chiliflocken mischen, darüber streuen und 1 weitere Minute mitbraten.

5 Karotten und Fenchelstreifen zugeben und bei mittlerer Hitze unter Rühren noch einmal 3 Minuten schmoren.

6 Jogurt mit Gemüsebrühe und Speisestärke vermischen und unter Rühren langsam zum Curry gießen. Einmal kräftig aufkochen und etwa 5 Minuten zugedeckt garen. Mit Salz, Zitronensaft und Zucker abschmecken. Mit Petersilie und Fenchelgrün bestreut servieren.

Marokkanischer Gemüsetopf

Für 4 Personen

1 Zwiebel • 1 Knoblauchzehe • 3 EL Olivenöl • 150 g Linsen
1–2 TL Harissa (Chilipaste; → Tipp Seite 26)
1 TL gemahlener Kreuzkümmel • 1 kleine Dose Tomatenmark (70 g)
½ l Gemüsebrühe (Instant) • 700 g Karotten • 3 Fleischtomaten
300 g frischer Spinat • Saft von ½ Zitrone • Salz
¼ TL Zucker • Pfeffer aus der Mühle

1 Zwiebel und Knoblauch abziehen und fein würfeln. Das Öl in einem Topf erhitzen. Zwiebel und Knoblauch darin glasig dünsten. Die Linsen zugeben. Harissa, Kreuzkümmel und Tomatenmark unterrühren und alles einige Sekunden kräftig anbraten. Die Brühe zugießen, einmal aufkochen und die Linsen zugedeckt bei schwacher Hitze in etwa 30 Minuten fast gar kochen.

2 Inzwischen die Karotten schälen und in fingerdicke Scheiben schneiden. Die Tomaten überbrühen, abziehen, achteln und dabei die Stielansätze entfernen. Beide Zutaten zu den Linsen geben, erneut aufkochen und zugedeckt bei schwacher Hitze weitere 20 Minuten garen, bis die Linsen weich sind.

3 Den Spinat verlesen, putzen und waschen. In reichlich sprudelnd kochendem Wasser etwa 2 Minuten kräftig kochen. Auf ein Sieb abgießen, zum Gemüsetopf geben und noch 5 Minuten mitgaren. Den Gemüsetopf mit Zitronensaft, Salz, Zucker und Pfeffer abschmecken und sofort servieren.

Unser Tipp

Dazu schmeckt Fladenbrot oder Couscous: 3 Tassen Instant-Couscous (→ Tipp Seite 34) nach Packungsaufschrift mit 2 Esslöffel Öl in 3 Tassen kochendes Wasser geben. Nach Wunsch 1 Teelöffel getrocknete, gemischte Kräuter zufügen. Den Couscous 5 Minuten garen, mit 1 bis 2 Esslöffel Butter mischen und dabei mit einer Gabel auflockern.

Japanischer Gemüsereis

Für 4 Personen

4 getrocknete Shiitake-Pilze • ¾ l Gemüsebrühe (Instant) • 1 Prise Zucker
300 g Karotten • 4 Blätter Mangold • 4 EL Sojasauce
1 EL trockener Sherry • 250 g Basmatireis • 100 g TK-Erbsen
2 Lauchzwiebeln

1 Die Shiitake-Pilze in der lauwarmen Gemüsebrühe mit Zucker 30 Minuten quellen lassen. Abgießen und die Brühe zum Garen auffangen. Die harten Stiele der Pilze entfernen, die Hüte in Streifen schneiden.

2 Karotten schälen und in dünne Stifte schneiden. Mangold waschen, trockenschwenken und die Blätter quer in knapp fingerbreite Streifen schneiden. Alles mit Pilzen, Sojasauce und Sherry mischen und 10 Minuten ziehen lassen.

3 Den Reis in einer Schüssel mit kaltem Wasser mehrmals waschen, das Wasser jeweils abgießen und erneuern. Den Reis mit der Karottenmischung, der aufgefangenen Brühe und den gefrorenen Erbsen in einen Topf geben, mit einer Gabel mischen und aufkochen. Die Temperatur auf die kleinste Hitzestufe schalten. Den Reis zugedeckt in etwa 20 Minuten bissfest garen.

4 Die Lauchzwiebeln putzen, waschen, mit dem saftigen Zwiebelgrün in feine Ringe schneiden und unter den Reis mischen. Neben der Kochstelle noch 5 Minuten zugedeckt ziehen lassen.

Unser Tipp

Den bunten Reis kann man noch mit Originalzutaten anreichern, die es in Japanläden zu kaufen gibt: zum Beispiel mit Konnyaku, das sind Würfel aus dem Mehl der stärkereichen Konjak-Knolle. Falls Sie es bekommen: fein würfeln, mit Sojasauce und Sake übergießen und 10 Minuten ziehen lassen. Dann mit den anderen Zutaten im Reis garen.

Bunte Chinapfanne

Für 4 Personen

3 große Karotten • 2 Lauchzwiebeln • 250 g Tofu • 2 EL Öl
2 EL gesalzene Erdnusskerne • 150 g dünne Reisnudeln
100 ml Gemüsebrühe • 3 EL helle Sojasauce • Pfeffer aus der Mühle
1 TL Zucker • 1 TL Sesamöl • 1 EL gehackte Petersilie

1 Die Karotten schälen und in dünne Stifte schneiden. Die Lauchzwiebeln putzen, waschen und mit den zarten grünen Blättern sehr schräg in feine Röllchen schneiden. Den Tofu trockentupfen und würfeln.

2 Das Öl in einer großen Pfanne oder im Wok erhitzen. Tofu und Erdnusskerne darin bei starker Hitze unter ständigem Rühren knapp 1 Minute braten. Karotten und Lauchzwiebeln zugeben und alles bei mittlerer Hitze unter Rühren weitere 3 Minuten braten.

3 Inzwischen die Reisnudeln in einer Schüssel mit kochendem Wasser übergießen. Knapp 1 Minute ziehen lassen, im Wasser mit einer Küchenschere klein schneiden, abgießen und zur Karottenmischung geben.

4 Die Brühe, Sojasauce, Pfeffer, Zucker und Sesamöl zufügen und unter Rühren erhitzen. Mit der Petersilie bestreut sofort servieren.

Unser Tipp

Wer Tofu (aus dem Naturkost- oder Asienladen) nicht mag, nimmt stattdessen 150 Gramm Rinderhack: Mit den Erdnusskernen im heißen Öl unter ständigem Rühren bei starker bis mittlerer Hitze braten, bis es krümelig ist. Dann wie im Rezept beschrieben fortfahren.
Auch Reisnudeln gibt es in Naturkostläden und Asienshops. Die fadendünnen für dieses Gericht sehen genauso aus wie Glasnudeln aus dem Supermarkt – der richtige Ersatz übrigens, wenn Sie Reisnudeln nicht bekommen.

Pute mit Karotten vom heißen Stein

Für 4 Personen

1 Stück frischer Ingwer (etwa 6 cm lang) • 125 ml Sojasauce
50 ml Mirin (→ Tipp) • 1 EL Sake • 3 EL Zucker • 2 Knoblauchzehen
300 g Putenbrustfilet • 500 g Karotten • Öl zum Braten

1 Für die Marinade den Ingwer schälen und fein reiben. Mit Sojasauce, Mirin, Sake und Zucker mischen. Den Knoblauch schälen, durch die Presse dazu drücken. Rühren, bis sich der Zucker aufgelöst hat.

2 Das Putenbrustfilet kalt abspülen, mit Küchenpapier trockentupfen, in eine Schüssel legen und mit der Marinade übergießen. Zugedeckt im Kühlschrank etwa 8 Stunden ziehen lassen. Dabei ab und zu wenden.

3 Das Fleisch aus der Marinade nehmen und abtropfen lassen. Ingwer und Knoblauch abstreifen. Die Marinade zum Garen in vier Schälchen füllen.

4 Putenbrust trockentupfen und zuerst in Scheiben, dann in knapp 2 Zentimeter breite Streifen schneiden. Die Karotten waschen und auf dem Gemüsehobel in ganz feine Stifte oder Scheiben hobeln. Fleisch und Karotten getrennt auf Portionstellern anrichten.

5 Den Stein nach Gebrauchsanleitung im Backofen erhitzen und mit dem Brenner auf den Tisch stellen. Fleisch und Karotten portionsweise mit etwas Öl auf dem Stein garen und dabei mit der Marinade beträufeln.

Unser Tipp

Wer keinen heißen Stein hat, brät Fleisch und Karotten im Wok oder in der Pfanne. Den guten Geschmack gibt die Marinade: Mirin ist ein süßer Reiswein im Unterschied zum trockenen Sake. Beide Zutaten bekommen Sie in speziellen Japanläden, aber auch vielen Asienshops. Ersatz sind Sherry medium mit 1 Esslöffel Balsamessig für Mirin und trockener Sherry für Sake.

Karottentopf mit Mett

Für 4 Personen

**500 g Karotten • 1 große Zwiebel • 1 EL Öl • 250 g Schweinemett
200 g TK-Erbsen • 1/4 l Brühe • 1/2 Bund Petersilie • Salz
Pfeffer aus der Mühle • 1 Prise Zucker • 1 EL Zitronensaft**

1 Die Karotten schälen und in dünne Scheiben schneiden. Die Zwiebel abziehen und fein würfeln. Beide Zutaten im heißen Öl bei schwacher Hitze dünsten, bis die Zwiebel glasig ist.

2 Das Mett zugeben und unter Rühren bei starker Hitze krümelig braten. Erbsen untermischen, die Brühe zugießen und einmal aufkochen. Zugedeckt bei schwacher bis mittlerer Hitze etwa 5 Minuten garen.

3 Die Petersilie waschen, trockentupfen und fein zerkleinern. Den Eintopf mit Salz, Pfeffer, Zucker und Zitronensaft abschmecken. Die Hälfte der Petersilie untermischen, den Rest darüber streuen.

Unser Tipp

Mit Kräutern können Sie abwechseln und dem Eintopf eine andere Note geben: Gut zu Karotten passen die kräftigen Blättchen von frischem Bohnenkraut, fein geschnittenes Koriandergrün, Streifen von Minze oder Zitronenmelisseblättern.

Spaghetti mit Karotten und Salami

Für 4 Personen

400 g Karotten • 2 Fleischtomaten • 1 Zwiebel • 1 Knoblauchzehe
½ Bund Majoran • 100 g Salami in dünnen Scheiben • 75 g Parmesan
3 EL Olivenöl • Salz • 1 Prise Zucker • Pfeffer aus der Mühle
500 g Spaghetti

1 Die Karotten schälen, waschen und in dünne Scheiben schneiden. Die Tomaten überbrühen, abziehen, würfeln und dabei die Stielansätze entfernen. Zwiebel und Knoblauch abziehen und fein würfeln. Den Majoran waschen, trockentupfen, die Blättchen abzupfen und grob zerkleinern. Die Salamischeiben halbieren. Den Käse reiben.

2 Das Öl in einer großen Pfanne erhitzen. Zwiebel und Knoblauch darin bei schwacher Hitze glasig dünsten. Die Karotten zugeben und bei starker Hitze unter Rühren braun anbraten.

3 Tomaten und Majoran zugeben und etwa 3 Minuten schmoren, bis die Tomaten weich sind. Mit wenig Salz, dem Zucker und einer kräftigen Prise Pfeffer abschmecken und zugedeckt warm halten.

4 Die Spaghetti in reichlich sprudelnd kochendem Salzwasser nach Packungsaufschrift gerade eben bissfest garen. Abgießen, kurz abtropfen lassen und in eine gut vorgewärmte, große Schüssel geben. Mit dem Karottengemüse und der Salami mischen, mit dem Käse bestreuen und sofort servieren.

Unser Tipp

Anstelle der Salami können Sie auch rohen Schinken verwenden oder feine Würfel von Frühstücksspeck. Diesen statt des Öls in die Pfanne geben und anbraten, bis Fett austritt. Dann Zwiebel, Knoblauch und Karotten zugeben und ebenfalls anbraten.

Schmorhähnchen mit Sommerkarotten

Für 3 Personen

**1 Brathähnchen (etwa 1,2 kg) • Salz • 500 g junge Bundkarotten
100 g geräucherte Schinkenwurst • 1 EL Öl • 1 Bund Majoran
Schwarzer Pfeffer aus der Mühle • ⅛ l dunkles Bier
2 EL Crème fraîche • 1 EL frisch gehackte Petersilie**

1 Das Hähnchen waschen, abtropfen lassen, in Keulen, Brust- und Flügelstücke teilen und trockentupfen. Rundherum mit Salz würzen. Die Karotten waschen oder schaben. Die Wurst häuten und würfeln.

2 Den Backofen auf 200 °C (Umluft 180 °C, Gas Stufe 3) vorheizen. Das Öl in einem Bräter erhitzen. Die Hähnchenhälften mit der Hautseite nach unten darin bei starker Hitze braun anbraten und wieder herausnehmen.

3 Karotten und Schinkenwurst im Bratfett unter häufigem Wenden leicht bräunen. Die gewaschenen Majoranzweige darauf verteilen. Hähnchenhälften mit der Haut nach oben darauf legen und mit reichlich grobem Pfeffer bestreuen. Das Bier an den Seiten zugießen.

4 Das Hähnchen zugedeckt in den heißen Ofen (untere Schiene) schieben und etwa 40 Minuten schmoren, bis beim Anstechen der Keulen nur klarer Saft, aber kein Blut mehr austritt.

5 Hähnchenstücke und Karotten auf einer vorgewärmten Platte anrichten. Crème fraîche in den Bratfond rühren und die Sauce über Fleisch und Karotten träufeln. Mit der Petersilie bestreut servieren. Dazu passen Pellkartoffeln und Salat.

Unser Tipp

Die richtige Wurst fürs Hähnchen ist gerauchte Schinkenwurst oder Schinkenkrakauer. Ersatzweise nimmt man Kochschinken.

Rinderfilet mit Karotten

Für 4 Personen

300 g Rinderfilet • 300 g Karotten • 1 große Zwiebel
2 Knoblauchzehen • 1 kleines Stück frischer Ingwer • 3 EL Öl
$^1/_8$ l Hühnerbrühe (Instant) • 1–2 EL Balsamessig • Salz • Cayennepfeffer
1 EL frisch gehackte beliebige Kräuter

1 Das Fleisch trockentupfen und in knapp fingerbreite Scheiben schneiden. Die Scheiben wiederum in dünne Streifen teilen.

2 Die Karotten schälen, waschen und der Länge nach mit einem Sparschäler in feine Streifen schneiden. Die Zwiebel abziehen und in feine Ringe schneiden. Knoblauch abziehen, Ingwer schälen und beides fein zerkleinern.

3 In einer großen Pfanne 2 Esslöffel Öl erhitzen. Das Fleisch darin bei starker bis mittlerer Hitze unter Rühren braten, bis es leicht gebräunt ist. Herausnehmen und auf einem Teller beiseite stellen.

4 Das restliche Öl in die Pfanne geben. Karotten, Zwiebelringe, Knoblauch und Ingwer darin bei starker bis mittlerer Hitze unter ständigem Rühren etwa 3 Minuten braten. Die Brühe zugeben und einmal aufkochen. Zugedeckt bei schwacher Hitze schmoren, bis Zwiebeln und Karotten gerade eben bissfest sind.

5 Das Fleisch wieder zufügen und bei mittlerer Hitze unter Rühren noch einmal erhitzen. Mit dem Balsamessig, Salz und einer kräftigen Prise Cayennepfeffer abschmecken, mit den Kräutern mischen und sofort servieren.

Unser Tipp

Das Essen mutet asiatisch an und schmeckt am besten mit frisch gekochtem Reis. Genauso gut aber passen Kartoffeln, in kleine Würfel geschnitten und roh in einer beschichteten Pfanne mit wenig Fett gebraten.

Gebratene Nudeln

Für 2 Personen

150 g Schweinefilet • 6 Bärlauchblätter oder 2 Lauchzwiebeln
2 EL Reisessig • Cayennepfeffer • 2 große Karotten • 1 feste Kiwi
1 kleine rote Paprikaschote • 2 Stangen Sellerie mit Grün
50 g Glasnudeln • 3 EL Erdnuss- oder Olivenöl • 4 EL helle Sojasauce
1 TL dunkles Sesamöl

1 Das Fleisch trockentupfen und in etwa fingerbreite Streifen schneiden. Den Bärlauch waschen, trockentupfen und fein zerkleinern (Lauchzwiebeln in feine Röllchen schneiden). Die Hälfte von Bärlauch oder Zwiebelröllchen mit Fleisch, 1 Esslöffel Reisessig und einer Prise Cayennepfeffer vermischen. Das Fleisch ziehen lassen, bis die anderen Zutaten vorbereitet sind.

2 Karotten und Kiwi schälen, Paprikaschote und Sellerie putzen und waschen. Karotten in dünne Stifte, Kiwi und Paprikaschote in Würfel schneiden. Die Selleriestangen in fingerbreite Stücke schneiden. Die Sellerieblättchen fein zerkleinern und zum Bestreuen beiseite legen.

3 Glasnudeln in einer Schüssel mit kochendem Wasser übergießen, weich werden lassen und im Wasser mit einer Küchenschere in Stücke schneiden. Nudeln abgießen, abtropfen lassen und mit 1 Esslöffel Öl mischen.

4 Im Wok oder in einer Pfanne 1 Esslöffel Öl erhitzen. Das Fleisch darin bei starker Hitze unter Rühren kräftig braun anbraten. Auf einen Teller geben.

5 Das restliche Öl in Wok oder Pfanne erhitzen. Karotten, Paprikaschote, Sellerie und den Rest von Bärlauch oder Zwiebelröllchen darin bei starker bis mittlerer Hitze unter Rühren etwa 3 Minuten braten. Fleisch, Kiwi, Sellerieblättchen und Glasnudeln untermischen und unter Rühren erhitzen. Mit Sojasauce, dem restlichen Reisessig und Sesamöl abschmecken und sofort servieren.

Schweinegeschnetzeltes mit Karotten

Für 4 Personen

700 g schlanke Karotten • ¼ l Fleischbrühe (Instant) • 1 EL Zitronensaft
1 Msp. Honig • Salz • Weißer Pfeffer aus der Mühle
300 g Schweineschnitzel • 1 Zwiebel • ¼ Bund Dill,
Petersilie oder Rucola (→ Tipp) • 2 EL Öl • 125 g Sahne

1 Die Karotten schälen und schräg in etwa fingerbreite Scheiben schneiden. Mit Brühe, Zitronensaft, Honig, Salz und Pfeffer in einem Topf aufkochen und zugedeckt bei schwacher Hitze in etwa 10 Minuten bissfest garen.

2 Inzwischen das Fleisch quer zu den Fasern in fingerbreite Streifen schneiden. Die Zwiebel abziehen und fein würfeln. Kräuter waschen, trockentupfen und fein zerkleinern.

3 Das Öl in einer großen Pfanne erhitzen. Die Zwiebel darin bei schwacher Hitze unter häufigem Rühren glasig und weich braten. Die Fleischstreifen zugeben und bei starker bis mittlerer Hitze unter ständigem Wenden kurz und kräftig braun anbraten.

4 Karotten mit Sud und Sahne zufügen und einmal aufkochen. Mit Salz und Pfeffer abschmecken. Geschnetzeltes auf Portionstellern verteilen und mit den gehackten Kräutern bestreuen.

Unser Tipp

Dazu passen Salzkartoffeln oder Reis. Kinder mögen dazu dünne Hörnchennudeln. Wer die Sauce sämig will, rührt etwas Saucenbinder darunter. Kräuterstiele von Dill, Petersilie und Rucola schmecken sehr aromatisch. Ganz fein, fast musig gehackt und im Fett kurz geschmort, dann mit der Sahne aufgegossen, geben sie der Sauce noch mehr Würze. Die zarten Blättchen dagegen vertragen Schmoren nicht; deshalb mischt man sie erst unmittelbar vor dem Servieren unter das Fleisch oder streut sie darüber.

Karotten mit Lammschaschlik

Für 4 Personen

Für das Schaschlik: 400 g Lammkeule ohne Knochen
1 unbehandelte Zitrone • 1 große Knoblauchzehe • 1 EL gehackte Petersilie
Je 1 große Msp. Senfpulver, Ingwerpulver, Cayennepfeffer
2 EL Sojasauce • 3 EL Erdnussöl
Für die Karotten: 750 g junge Bundkarotten • Salz • 1 Prise Zucker
1 EL Butter • 2 EL gemischte gehackte Kräuter

1 Das Fleisch in mundgerechte, gleich große Stücke schneiden. Die Zitrone waschen, ein etwa 5 Zentimeter langes Stück Schale dünn abschneiden und fein zerkleinern. Den Saft auspressen. Knoblauch abziehen und durchpressen.

2 Zitronenschale mit 2 Esslöffel Zitronensaft, Knoblauch, Petersilie, Senfpulver, Ingwer, Cayennepfeffer, Sojasauce und 1 Esslöffel Öl verrühren. Das Fleisch damit mischen und zugedeckt 1 Stunde kühl stellen.

3 Die Karotten waschen oder schaben und das Grün bis auf ein kleines Büschel abschneiden. 1 Liter Wasser in einem weiten, halbhohen Topf mit Salz, dem restlichen Zitronensaft und Zucker aufkochen. Karotten zugeben, erneut zum Kochen bringen und bei starker bis mittlerer Hitze in etwa 5 Minuten bissfest garen. Auf vorgewärmten Tellern anrichten, mit der Butter belegen, mit etwas Karottensud beträufeln und zugedeckt warm halten.

4 Während die Karotten garen, die Fleischwürfel aus der Marinade nehmen, trockentupfen und auf vier Schaschlikspießchen verteilen. Die Spießchen leicht salzen und im restlichen heißen Öl bei starker Hitze rundherum anbraten. Bei mittlerer Hitze weitere 5 Minuten braten, dabei mehrmals wenden. Herausnehmen und neben den Karotten anrichten. Die Marinade und etwa $^1/_8$ Liter Karottensud in die Pfanne geben, den Bratfond unter Rühren damit lösen und über den Spießchen verteilen. Die Karotten mit den Kräutern bestreuen.

Schweinebraten auf Karotten

Für 8 Personen

1,2 kg durchwachsener Schweinenacken ohne Knochen • Salz
Pfeffer aus der Mühle • 1 kg dicke Karotten • 2 große Zwiebeln
½ Bund Thymian • 6 Zweige Salbei • 2 Knoblauchzehen
1 EL abgeriebene Zitronenschale • 2 EL Zitronensaft • 2 EL Olivenöl
¼ l trockener Rotwein (Chianti oder Côtes du Rhône)

1 Den Backofen auf 180 °C (Umluft 160 °C, Gas Stufe 2) vorheizen. Das Schweinefleisch trockentupfen und mit Salz und Pfeffer einreiben. Karotten schälen, Zwiebeln abziehen und jeweils in große Stücke schneiden.

2 Die Kräuter waschen, trockentupfen, die Blättchen abzupfen und fein zerkleinern. Den Knoblauch abziehen und zerdrücken. Kräuter und Knoblauch mit Zitronenschale, -saft und reichlich grobem Pfeffer mischen.

3 Das Öl in einem Bräter erhitzen. Das Fleisch darin bei starker Hitze rundherum kräftig anbraten und wieder herausnehmen. Karotten und Zwiebeln ins Bratfett geben und ebenfalls unter Wenden anbraten. Mit Salz würzen, die Kräutermischung unterrühren.

4 Das Fleisch auf Karotten und Zwiebeln legen, im offenen Bräter in den heißen Ofen (untere Schiene) schieben und 30 Minuten braten.

5 Den Wein seitlich zugießen, und den Braten noch 1 ½ bis 1 ¾ Stunden braten, bis er außen schön knusprig braun und innen gerade eben durchgegart ist. Während des Garens das Fleisch einige Male mit dem Fond im Bräter beschöpfen.

Unser Tipp

Dazu schmecken gebackene Kartoffeln, Bratkartoffeln oder lockeres Landbrot und bunt gemischter Salat.

Hähnchen mit Karotten und Kartoffeln

Für 4 Personen

1 Brathähnchen (etwa 1,3 kg) • Salz • Schwarzer Pfeffer aus der Mühle
1 kleine Zwiebel • 1 Limette • 500 g dicke Karotten
500 g vorwiegend fest kochende Kartoffeln • 2 EL Öl
1 Stück ganze Muskatblüte (Macis) • 2 Stücke Sternanis
100 ml Geflügelbrühe (Instant) • 400 g ungesüßte Kokosmilch (Dose)
2 EL gehackte Petersilie

1 Das Hähnchen innen und außen kalt abspülen, trockentupfen und in sechs Stücke zerteilen. Mit Salz und Pfeffer würzen.

2 Die Zwiebel abziehen und fein zerkleinern. Die Limette waschen und mit der Schale in Achtel schneiden. Karotten und Kartoffeln schälen, waschen und in große Würfel schneiden.

3 Das Öl in einem großen Schmortopf erhitzen. Die Hähnchenstücke darin bei mittlerer bis schwacher Hitze etwa 5 Minuten anbraten, bis die Haut goldgelb ist. Hähnchen herausnehmen, und Karotten, Kartoffeln und Zwiebeln im Bratöl rundherum anbraten. Die Hähnchenteile mit Limette, Muskatblüte und Sternanis wieder in den Topf legen. Brühe und Kokosmilch mischen und zugießen.

4 Alles zugedeckt bei schwacher bis mittlerer Hitze etwa 45 bis 50 Minuten schmoren, bis Kartoffeln und Karotten weich sind und das Fleisch gerade eben durchgegart ist: Beim Anstechen der Keulen tritt dann nur noch klarer Saft aus. Im Schmortopf mit der Petersilie bestreut servieren.

Unser Tipp

Mit reichlich Kokosmilch und wenig Brühe schmeckt das Hähnchen intensiv nach Kokos. Wenn Sie es neutraler mögen, nehmen Sie mehr Brühe und weniger Kokosmilch.

Karottentopf mit Lamm

Für 4 Personen

4 Scheiben Lammnacken (je etwa 5 cm dick) • Salz
Weißer Pfeffer aus der Mühle • 1 Bund frischer oder
1 EL getrockneter Thymian • 3 mittelgroße Zwiebeln • 600 g Karotten
400 g vorwiegend fest kochende Kartoffeln • 400 ml Fleischbrühe (Instant)
1 EL Butter • ½ Bund Petersilie

1 Nur ganz dicke Fettschichten vom Fleisch abschneiden. Die Lammscheiben auf beiden Seiten mit Salz und Pfeffer würzen und dachziegelförmig in einen Schmortopf legen. Gewaschene Thymianzweige darauf verteilen.

2 Die Zwiebeln abziehen, würfeln und auf das Fleisch geben. Karotten und Kartoffeln schälen, waschen und in Scheiben von etwa ½ Zentimeter schneiden. Beide Zutaten auf den Zwiebeln verteilen, salzen und pfeffern.

3 Brühe zugießen. Die Butter schmelzen, Karotten und Kartoffeln damit beträufeln. Den Karottentopf zugedeckt in den kalten Backofen (untere Schiene) stellen und bei 175 °C (Umluft 150 °C, Gas Stufe 2) 2 Stunden garen.

4 Den Deckel abnehmen, Karotten und Kartoffeln bei 220 °C (Umluft 200 °C, Gas Stufe 5) etwa 20 Minuten bräunen. Die Petersilie waschen, trockentupfen, fein hacken und zum Servieren über den Karottentopf streuen.

Unser Tipp

Der Eintopf macht kaum Arbeit: Sie schichten die Zutaten ein, stellen das Ganze in den Ofen und holen es wieder raus, wenn sich nach der langen Garzeit die Aromen miteinander verbunden haben. Wichtig ist das richtige Lammfleisch: Lassen Sie sich ordentlich dicke, gut durchwachsene Stücke mit Knochen geben, denn magere, dünne Lammkoteletts werden beim langen Garen trocken.

Gemischtes Gulasch mit Karotten

Für 6 Personen

400 g Rindfleisch (Hesse) • 400 g Schweineschulter • 500 g dicke Karotten
2 Zwiebeln • 2 EL Olivenöl • Salz • Pfeffer aus der Mühle
3 EL Tomatenmark • Je 1 EL edelsüßes und scharfes Paprikapulver
½ l dunkles Bier oder Brühe • 1 EL Schweineschmalz
1 TL abgeriebene Zitronenschale • ½ TL getrockneter Majoran
¼ TL gemahlener Kümmel • 1–2 EL gehackte Petersilie

1 Das Fleisch in 4 bis 5 Zentimeter große Würfel schneiden. Die Karotten schälen und in große Stücke schneiden. Zwiebeln abziehen und in dünne Scheiben hobeln.

2 Beide Fleischsorten getrennt und portionsweise im heißen Öl kräftig anbraten. Jede Portion wieder herausnehmen.

3 Karotten und Zwiebeln im Bratfett bei schwacher Hitze anschwitzen. Mit Salz und Pfeffer bestreuen und etwa 10 Minuten zugedeckt schmoren, bis die Flüssigkeit, die sich dabei bildet, wieder verdampft ist.

4 Fleisch wieder zugeben, Tomatenmark und Paprika unterrühren. Bier oder Brühe zugießen und den Bratfond damit lösen. Gulasch aufkochen und bei schwacher Hitze 1 ½ Stunden zugedeckt schmoren.

5 Das Schmalz mit Zitronenschale, Majoran und Kümmel mischen. In das Gulasch rühren und alles noch etwa 30 Minuten schmoren, bis das Fleisch weich ist. Mit Salz und Pfeffer abschmecken. Mit der Petersilie bestreuen.

Unser Tipp

Dazu passen Spätzle, Semmelknödel oder breite Nudeln. Das Gulasch kann man gut auf Vorrat zubereiten und einfrieren; das Fleisch wird durchs Aufwärmen nur noch mürber. Und die Karotten bleiben bissfest.

Kokosreis mit Sharonfrüchten

Für 4 Personen

Etwa 400 ml Milch • 2–3 EL Kokosflocken • 50 g Zucker
1 großes Stück unbehandelte Zitronenschale • 100 g Milchreis
2 Sharonfrüchte (etwa 200 g; → Tipp) • 2 mittelgroße Karotten
Saft von 1 Orange • 100 g Sahne • 1 EL Vanillezucker

1 Die Milch mit Kokosflocken, Zucker und Zitronenschale unter Rühren zum Kochen bringen. Den Reis zugeben und zugedeckt bei schwächster Hitze 25 Minuten garen, bis er weich, aber noch körnig und ziemlich feucht ist. Gegebenenfalls während des Garens noch Milch zugießen. Die Zitronenschale entfernen.

2 Während der Reis gart, die Sharonfrüchte waschen und nach Wunsch dünn schälen. Den Stielansatz kreisförmig herausschneiden, die Früchte in kleine Stücke schneiden. Die Karotten schälen und fein raspeln. Beide Zutaten mit dem Orangensaft vermischen und in tiefe Portionsteller geben.

3 Den heißen Milchreis darauf verteilen. Sahne mit dem Vanillezucker steif schlagen, in einen Spritzbeutel füllen und in dicken Rosetten auf den Reis spritzen. Das Dessert sofort servieren und erst bei Tisch locker mischen.

Unser Tipp

Sharon, auch Kaki genannt, finden Sie seit einiger Zeit immer häufiger im Obstregal. Es handelt sich dabei um zwei verschiedene Sorten derselben Frucht: beide etwa tomatengroß, goldgelb bis orangerot, mit vier breiten, kräftigen Kelchblättern am Stielansatz. Beide Früchte schmecken süß, erinnern an Pfirsich und Aprikose mit einer Spur von Vanille. Sharons allerdings sind »pflegeleichter«: Man braucht sie nicht zu schälen, kann sie aus der Hand essen wie einen Apfel, wenn sie noch ziemlich hart sind. Kakis schmecken nur abgezogen, sie müssen wirklich butterweich und reif sein, sonst machen sie »stumpfe« Zähne wie Rhabarber.

Karottenhalwa

Für 4 Personen

500 g Karotten • ¼ l Milch • 1 Prise Salz • 1 EL Vanillezucker
1 TL abgeriebene Schale und Saft von 1 unbehandelten Orange
2 EL Honig • ¼ TL Zimt • 1 EL Erdnussöl • 50 g Mandelstifte

1 Die Karotten schälen und fein reiben. Mit Milch, Salz, Vanillezucker und Orangenschale aufkochen und zugedeckt bei schwacher Hitze 10 Minuten garen.

2 Orangensaft, Honig und Zimt untermischen. Das heiße Halwa in vorgewärmte tiefe Portionsteller geben.

3 Das Öl in einer kleinen Pfanne schmelzen und ganz leicht bräunen. Die Mandelstifte darin rösten und mit dem Bratöl über dem Halwa verteilen. Warm servieren.

Unser Tipp

Dieses Halwa ist die einfache Art der indischen Süßspeise, und die Gewürze bekommen Sie im Supermarkt. Wenn Sie es ganz typisch zubereiten wollen, geben Sie zu Karotten und Milch zusätzlich ¼ Teelöffel gemahlenen Kardamom sowie je 1 große Messerspitze gemahlenes Piment und Safranfäden. Diese Gewürze gibt es im Asienladen oder auch im Reformhaus.

Feines Flockenmüsli mit Karotten

Für 4 Personen

150 g Vollkorngetreideflocken • ½ l Milch • 300 g Karotten
2 Pfirsiche • Saft von 1 Orange • 2 EL Honig • 150 g Vollmilchjogurt
50 g Walnusskerne • 2 EL Knusperflocken

1 Die Flocken mit der heißen Milch verrühren und zugedeckt quellen lassen, bis die anderen Zutaten vorbereitet sind.

2 Die Karotten schälen und fein reiben. Die Pfirsiche mit kochendem Wasser übergießen, kurz darin ziehen lassen, kalt abschrecken und abziehen. In kleine Stücke schneiden, dabei die Steine entfernen.

3 Karotten und Pfirsiche mit Orangensaft und Honig vermischen. Die eingeweichten Flocken und den Jogurt mit einer Gabel locker untermischen. Das Müsli auf Portionsteller verteilen.

4 Walnusskerne hacken und zusammen mit den Knusperflocken über das Müsli streuen. Müsli sofort servieren.

Unser Tipp

Ob sich Pfirsiche leicht vom Stein lösen, liegt nicht an der Reife, sondern an der Sorte: In manchen sitzt der Stein locker, in anderen ist er ziemlich fest mit dem Fruchtfleisch verbunden, und man schneidet das Fleisch am besten in kleineren Stücken davon ab.
Im Winter das Müsli mit Äpfeln zubereiten: Die Früchte vierteln, schälen, vom Kerngehäuse befreien und grob raspeln. Zusätzlich noch Korinthen oder Rosinen untermischen. Wer Verdauungsprobleme hat, nimmt stattdessen klein geschnittene Trockenpflaumen.
Vollkornflocken enthalten viel Gesundes: Ballaststoffe für Immunsystem und eine gute Verdauung, biologisch hochwertiges Eiweiß und Öl mit mehrfach ungesättigten Fettsäuren, dazu noch Vitamine und Mineralstoffe.

Karotten-Obstsalat mit Sirup

Für 4 Personen

80 g Zucker • 1 EL Vanillezucker • 5 EL Weißwein oder weißer Traubensaft
Abgeriebene Schale und Saft von ½ unbehandelten Zitrone
2 mittelgroße Karotten • 2 Aprikosen • 1 Nektarine • 200 g Kirschen
2 Kiwis • 4–8 Zweige frische Minze

1 Zucker mit Vanillezucker, Wein oder Traubensaft, Zitronenschale und -saft in einem Topf mischen. Unter Rühren aufkochen und bei schwacher Hitze dickflüssig einkochen. Sirup vom Herd nehmen und abkühlen lassen, bis er nur noch lauwarm ist. Die Karotten schälen, fein raspeln und untermischen.

2 Die Aprikosen mit kochendem Wasser übergießen, kurz darin ziehen lassen, kalt abschrecken und abziehen. Nektarine und Kirschen waschen und trockentupfen. Alle diese Früchte zerkleinern und dabei entsteinen. Die Kiwis schälen und ebenfalls in kleine Stücke schneiden.

3 Obst mit Sirup und Karotten mischen und zugedeckt 1 Stunde kühlen. In den Portionsschälchen anrichten und mit den Minzezweigen garnieren.

Unser Tipp

Karotten und Minze geben dem üblichen Obstsalat ein feines Aroma, und der Sirup überzieht alles wie ein leichter zuckeriger Film.
Bei Zitrusfrüchten müssen die Konservierungsstoffe angegeben sein. Doch Achtung: Auch Früchte mit der Kennzeichnung »unbehandelt« sind kein Bio-Obst. Bei konventionell angebauten Zitronen und Orangen mit diesem Vermerk sind die Schalen nur gewachst, und man kann sie nach gründlichem Waschen mit heißem Wasser mitessen. Wer aber Zitronen und Orangen ganz ohne Zusatzmittel auf der Schale will, kauft sie im Naturkostladen oder im Reformhaus. Denn nur kontrolliert ökologisch angebautes Obst wächst tatsächlich unbelastet von Dünger oder Spritzmitteln heran.

Apfel-Karotten-Küchlein

Für 4 Personen

2 EL Rosinen • 4 EL Rum oder Weinbrand • 150 g Mehl • 1 Prise Salz
2 Eier • ¼ l Milch • 300 g Äpfel • 200 g Karotten • 1 EL Zitronensaft
75 g Butterschmalz • 100 g Zucker • 1 große Msp. Zimt

1 Die Rosinen mit dem Rum vermischt in einem Schälchen ziehen lassen, bis die anderen Zutaten vorbereitet sind.

2 Mehl mit Salz und Eiern verrühren, die Milch untermischen. Die Äpfel vierteln, schälen und vom Kerngehäuse befreien. Die Karotten schälen und waschen. Die Äpfel grob, die Karotten fein reiben. Beide Zutaten mit dem Zitronensaft vermischen und zusammen mit den Rumrosinen unter den Teig rühren.

3 Butterschmalz in einer großen beschichteten Pfanne erhitzen. Pro Küchlein etwa 2 Esslöffel Teig ins Schmalz setzen, mit einem knappen Teelöffel Zucker bestreuen und die Küchlein etwa 3 Minuten bei mittlerer bis geringer Hitze backen, bis sie sich leicht wenden lassen. Auf der zweiten Seite noch einmal 2 bis 3 Minuten backen.

4 Den verbliebenen Zucker mit dem Zimt mischen, die heißen Küchlein damit bestreuen und sofort servieren.

Unser Tipp

Zu den Küchlein passt Obstsalat (Seite 101) oder beliebiges Kompott. Sie schmecken sogar herzhaft mit Salat: einfach Rumrosinen, Zucker und Zimt weglassen.
Butterschmalz eignet sich zum Braten sehr gut, weil es richtig heiß werden darf, nicht spritzt und trotzdem den angenehmen Buttergeschmack beisteuert. Selbstverständlich können Sie auch cholesterinfreies Pflanzenöl dafür verwenden.

Karottengrütze

Für 4 Personen

500 g Karotten • 3/8 l naturtrüber Apfelsaft
50 g brauner oder weißer Zucker
Saft und abgeriebene Schale von 1 unbehandelten Orange
2 gestrichene EL Speisestärke • 100 g Preiselbeerkompott (Glas)
200 g Sahne • 1–2 EL Puderzucker

1 Die Karotten schälen und in grobe Stücke schneiden. Mit etwa 1/4 Liter Apfelsaft, Zucker, Orangensaft und -schale aufkochen und zugedeckt bei schwacher Hitze in etwa 15 Minuten sehr weich garen. Im Topf mit dem Stabmixer pürieren.

2 Die Speisestärke mit dem restlichen Apfelsaft glatt rühren und ins Karottenpüree rühren. Unter weiterem Rühren aufkochen, bis die Grütze dick wird.

3 In tiefe Teller füllen und mindestens 3 Stunden kühlen. Zum Servieren das Preiselbeerkompott mit einem Löffel auf die Grütze setzen. Die Sahne mit dem Puderzucker steif schlagen und als Tupfen aufs Kompott spritzen.

Unser Tipp

Grütze und Muffins aus Karotten (Rezept nebenstehend) sind ideal für Kinderfeste: Beides können Sie am Vortag zubereiten. Sie passen gut zusammen und liefern den Kleinen mehr Vitamine, Mineralien und gesunde Bioaktivstoffe als Kuchen und Pudding.
Das leicht säuerliche Preiselbeerkompott harmoniert ausgezeichnet mit der milden Karottengrütze. Wenn es Ihren Kindern jedoch zu herb ist, nehmen Sie als Alternativen eingekochte Aprikosen, Sauerkirschen oder Renekloden. Als frisches Obst eignen sich Erdbeeren am besten, weil sie ebenfalls genügend Fruchtsäuren beisteuern, damit die Karotten nicht fade schmecken.
Die Grütze wird in Tellern serviert; wer sie lieber dekorativ geformt zum Stürzen zubereitet, braucht mehr Speisestärke oder auch Sago.

Karotten-Bananen-Muffins

Für 15 Stück

500 g Karotten • 2 reife Bananen (etwa 300 g) • 2 EL Zitronensaft
1 TL abgeriebene Zitronenschale • 1 Prise Salz • 200 g Mehl
100 g Speisestärke • 1 EL Backpulver • 100 g Haselnusskerne
½ TL Lebkuchengewürz • 125 g Butter
150 g brauner oder weißer Zucker • 1 EL Vanillezucker • 3 Eier
Fett für die Förmchen • 2 EL Honig • 50–80 g Kokosflocken

1 Den Backofen auf 180 °C (Umluft 160 °C, Gas Stufe 3) vorheizen. Die Karotten schälen und fein reiben. Die Bananen pürieren oder mit einer Gabel ganz fein zerdrücken. Mit Karotten, Zitronensaft, Zitronenschale und Salz verrühren. Mehl mit Speisestärke und Backpulver in eine Schüssel sieben. Die Nüsse mahlen und zusammen mit dem Lebkuchengewürz untermischen.

2 Die Butter mit Zucker und Vanillezucker schaumig rühren. Nacheinander die Eier und die Karottenmischung unterrühren. Die Mehlmischung auf den Teig streuen und mit einem Kochlöffel unterrühren, bis sich alle Zutaten zu einem glatten Teig verbunden haben.

3 Die Mulden des Muffinblechs fetten und den Teig einfüllen. Die Muffins in den heißen Backofen (mittlere Schiene) schieben und 20 bis 25 Minuten backen, bis sie an der Oberfläche aufgeplatzt und schön gebräunt sind.

4 Aus dem Ofen nehmen und in den Mulden kurz ruhen lassen. Mit dem flüssigen Honig bestreichen und mit den Kokosflocken bestreuen. Die Muffins aus den Mulden nehmen und auf einem Kuchengitter abkühlen lassen.

Unser Tipp

Statt mit Kokosflocken können Sie die Muffins auch dick mit Puderzucker besieben – dann müssen Sie aber warten, bis die Küchlein abgekühlt sind.

Karotten-Quitten-Törtchen

Für 6 Stück

Für den Teig: 200 g Mehl • 1 Prise Salz • 60 g Zucker • 1 EL Vanillezucker 1 Ei • ½ TL abgeriebene Zitronenschale • 80 g Butter oder Margarine Für die Füllung: 2 große Karotten • 1 Quitte (etwa 250 g) ⅛ l Orangensaft • Abgeriebene Schale von ½ unbehandelten Orange oder Zitrone • 150 g brauner Zucker • ¼ TL Lebkuchengewürz 1 Ei • 2 EL Sahne • 1 EL Butter • 2 EL Mandelblättchen

1 Mehl, Salz, Zucker, Vanillezucker, Ei, Zitronenschale und das Fett in kleinen Stücken zu einem glatten Teig kneten.

2 Sechs runde Obstkuchenförmchen von 12 Zentimeter Durchmesser fetten. Den Teig in sechs Portionen teilen, jeweils in die Förmchen drücken und dabei einen etwa fingerbreiten Rand hochziehen. Den Teig mit einer Gabel mehrmals einstechen und kühl stellen, bis die Füllung vorbereitet ist. Den Backofen auf 200 °C (Umluft 180 °C, Gas Stufe 3) vorheizen.

3 Die Karotten schälen, die Quitte waschen, vierteln, schälen und vom Kerngehäuse befreien. Beide Zutaten würfeln. Mit Orangensaft, Orangenschale und ¾ der Zuckermenge in einen Topf geben, aufkochen und zugedeckt bei schwacher Hitze in etwa 15 Minuten sehr weich kochen. Mit einer Gabel fein zerdrücken oder mit dem Stabmixer pürieren. Auf Zimmertemperatur abkühlen lassen. Mit Lebkuchengewürz, Ei und Sahne verrühren.

4 Die Teigböden im heißen Ofen (mittlere Schiene) knapp 10 Minuten vorbacken. Inzwischen die Butter zerlassen, die Mandelblättchen darin wenden, aber nicht rösten. Mit dem restlichen Zucker mischen.

5 Die Törtchen mit dem Püree füllen, die Mandelmischung darauf verteilen. Wieder in den Ofen schieben und in etwa 15 Minuten fertig backen. Herausnehmen und in den Formen abkühlen lassen.

Karottentorte

Für 16 Stücke

400 g Karotten • 1 mittelgroßes Stück Ingwer in Sirup
4 EL Orangensaft • 1 EL abgeriebene Orangenschale
200 g Haselnusskerne • 50 g Speisestärke • 1/4 TL Zimt
1 Päckchen Backpulver • 5 Eier • 150 g brauner Zucker
1 EL Vanillezucker • 1 Prise Salz • 250 g süßer Jogurt (→ Tipp)
150 g Johannisbeergelee • 200 g dunkle Schokoladenglasur

1 Die Karotten schälen und fein reiben. Den Ingwer fein zerkleinern. Mit Orangensaft und Orangenschale verrühren. Die Nüsse mahlen. Die Speisestärke mit Zimt, Backpulver und Nüssen mischen.

2 Den Backofen auf 180 °C (Umluft 160 °C, Gas Stufe 3) vorheizen. Die Eier trennen. Eiweiß mit 3 Esslöffel kaltem Wasser halb steif schlagen. Zucker, Vanillezucker und Salz mischen und langsam zugeben. Dabei weiterschlagen, bis der Eischnee steif und cremig ist. Nacheinander Eigelbe, Ingwermischung, Karottenraspel und Speisestärke mit Nüssen unterziehen.

3 Den Teig in einer mit Backpapier ausgelegten Springform von 26 Zentimeter Durchmesser glatt streichen und im heißen Backofen (untere Schiene) etwa 60 Minuten backen. Die Garprobe (→ Tipp Seite 109) machen, Torte herausnehmen und noch etwa 10 Minuten in der Form ruhen lassen. Auf ein Kuchengitter geben, das Papier abziehen, und die Torte abkühlen lassen.

4 Torte halbieren, mit Jogurt füllen und wieder zusammensetzen. Mit Johannisbeergelee bestreichen, mit Schokoladenglasur überziehen und etwa 6 Stunden durchziehen lassen.

Unser Tipp

Süßen Jogurt gibt es mit Vanille aromatisiert, mit Fruchtstückchen, mit Nüssen und Kokosflocken oder mit Schokoladenflocken wie »Stracciatella«-Eis.

Karottenschnitten

Für 20 Stücke

400 g Karotten • 100 g Walnuss- oder Haselnusskerne • 1/8 l Öl
3 Eier • 200 g Zucker • 1 EL Vanillezucker • 1 TL Zimt
250 g Mehl • 1/2 Päckchen Backpulver • 3 EL Orangenmarmelade
150 g dunkle Schokoladenglasur

1 Den Backofen auf 180 °C (Umluft 160 °C; Gas Stufe 2) vorheizen. Die Karotten schälen und fein reiben. Die Nüsse mahlen. Öl, Eier, Zucker und Vanillezucker zu einer dicken Creme aufschlagen. Karotten, Zimt und Nüsse unterrühren. Mehl und Backpulver mischen und unterheben.

2 Den Teig auf ein gefettetes, mit Mehl bestreutes Backblech streichen und in den heißen Backofen (mittlere Schiene) schieben. Etwa 40 Minuten backen, dann die Garprobe (→ Tipp) machen.

3 Noch heiß mit der Marmelade bestreichen. Auf Zimmertemperatur abkühlen lassen und mit Schokoladenglasur überziehen. Solange die Glasur noch weich ist, in Schnitten schneiden, diese auf ein Kuchengitter legen und vollständig abkühlen lassen.

Unser Tipp

Karottenschnitten schmecken mit Schlagsahne zum Kaffee. Mit Eis und/oder Obstsalat sind sie ein feines Dessert.
Vergessen Sie bei Kuchen und Tortenböden die Garprobe nicht, denn Backzeiten kann man nicht exakt angeben. Muffins, Napfkuchen, Kuchen in der Kastenform, Schnitten auf dem Blech und Tortenboden in der Springform prüfen Sie nach der im Rezept angegebenen Zeit mit einem Holzstäbchen: Wenn beim Einstechen und Herausziehen nur ein paar Krümel daran haften, ist das Gebäck fertig zum Herausnehmen. Bleiben dagegen feuchte Teigreste hängen, müssen Sie noch etwa 10 Minuten zugeben.

Über dieses Buch

Die Autorin
Dr. Barbara Rias-Bucher, geboren 1948 in München, Mitglied des Food Editors Club, arbeitet seit über 20 Jahren für renommierte Verlage. International bekannt wurde sie mit ihren mehrfach ausgezeichneten Bücher zu vegetarischer und vollwertiger Ernährung. Die Auflagen ihrer etwa 150 Bücher liegen bei 2,5 Milllionen. Barbara Rias-Bucher zählt zu den wichtigsten deutschen Autoren für Koch- und kulinarische Sachbücher. Sie gilt als Expertin für alternative Ernährungsformen, die auch Feinschmecker mögen. Daneben hat sich die studierte Historikerin auf regionale kulinarische Traditionen und auf die internationale Kultur des Essens spezialisiert.

Der Fotograf
Karl Newedel, Münchener Fotodesigner, sammelte nach seiner Ausbildung zum Koch nationale wie internationale Erfahrungen in großen Häusern, bevor er sich 1982 als freischaffender Food-Stylist einen Namen machte. Seit 1996 agiert er selbst hinter der Kamera und gibt mit seinen Fotografien zahlreichen Büchern ein unverwechselbares Gesicht.

Haftungsausschluss
Die Inhalte dieses Buches sind sorgfältig recherchiert und erarbeitet worden. Dennoch kann weder die Autorin noch der Verlag für die Angaben in diesem Buch eine Haftung übernehmen.

Bildnachweis
Alle Fotos Karl Newedel, München mit Ausnahme von
akg-images, Berlin: 8;
Helga Florian, Weiden: 51;
PhotoAlto, Paris: Rosenbaum & Cirou: 5, 23, 28, 40, 41, 50, 61, 84, 99
Titelbild: Stock Food, München: Bender

Hinweis
Unsere Rezepte werden von erfahrenen Fachautoren kreiert und erprobt. Wir freuen uns jedoch über Anregungen, Tipps oder Kritik und helfen bei Fragen gerne weiter. Bitte wenden Sie sich an: Weltbild Buchverlag, Steinerne Furt 67, 86167 Augsburg, oder schicken Sie uns eine E-Mail an: Simone.Abele@weltbild.de
Versuchsküche: Sabine Haberbosch

Impressum

Weltbild Buchverlag
-Originalausgaben-

Projektleitung: Friederike Lutz
Redaktion: Dorothea Steinbacher
Bildredaktion: Susanne Allende
Umschlaggestaltung und Innenlayout: X-design, München
Satz: KL-Grafik, München
Reproduktion: P.O.M., Augsburg
Druck und Bindung: Offizin Andersen Nexö Leipzig GmbH, Spengleralle 26–30, 04442 Zwenkau

Gedruckt auf chlorfrei gebleichtem Papier

Printed in Germany

ISBN 3-89604-897-X

Rezeptregister

Abkürzungen

cm	= Zentimenter	kg	= Kilogramm	Msp.	= Messerspitze
EL	= Esslöffel	l	= Liter	Pck.	= Päckchen
g	= Gramm	ml	= Milliliter	TK	= Tiefkühl...
				TL	= Teelöffel